解读

孔子

上

丁宥允◎著

中国出版集团
现代出版社

图书在版编目(CIP)数据

解读孔子(上) / 丁宥允编著. —北京：现代
出版社, 2014.1
ISBN 978-7-5143-2149-4

Ⅰ. ①解… Ⅱ. ①丁… Ⅲ. ①儒家 ②《论语》–青年读物
③《论语》–少年读物 Ⅳ. ①B222.2 –49

中国版本图书馆 CIP 数据核字(2014)第 008565 号

作　　者	丁宥允
责任编辑	王敬一
出版发行	现代出版社
通讯地址	北京市安定门外安华里 504 号
邮政编码	100011
电　　话	010 – 64267325 64245264(传真)
网　　址	www.1980xd.com
电子邮箱	xiandai@ cnpitc. com. cn
印　　刷	唐山富达印务有限公司
开　　本	710mm×1000mm　1/16
印　　张	16
版　　次	2014 年 1 月第 1 版　2023 年 5 月第 3 次印刷
书　　号	ISBN 978-7-5143-2149-4
定　　价	76.00 元(上下册)

目　录

第一章　修行哲学

第二章　修养哲学

第三章 修身哲学

第四章 处事哲学

第五章　交际哲学

第一章　修行哲学

做仁德之人

原文

子曰："为政以德，譬如北辰，居其所而众星共之。"

——《论语·为政》

译文

孔子说："以德从政，就像天上的北极星，在它所在的地方，满天星辰都环绕它运行。"

做人哲学

一天，子路、子贡、颜回三个学生一起向孔子请教什么是仁？什么是德？如何做仁德之人？

颜回开门见山地问："老师，什么是仁？如何做到仁？"

孔子严肃地回答："克制自己，恢复周礼，就是仁；以周礼为标准，时时处处严格要求自己，使自己的言行符合周礼，就可以做到仁了！"

"太精辟了！""太好了！""真便于遵循！"三位弟子赞扬道。

子路问："老师，什么是德？怎样做才算是崇尚道德？"

孔子答："思想不走邪路，对国家尽忠、对父母和长辈尽孝、对他人讲仁和义，这便是德；自己在道德的范畴内做人、做事，用道德规范自己，并用道德教育百姓、处理政治和人际关系，这样做就可以说是崇尚道德了。"

子路接着问："譬如，我若当将军带兵打仗，不妨让子贡、颜回做我的校尉，鼓角齐鸣旌旗飘，攻城必克，夺地必取，百战百胜。老师，我如果能做到这样，能算个有德之人吗？"

孔子回答："武夫，勇敢的武夫而已！"

子贡抢过话茬说："子路谈及两国交兵，双方正值死亡惨重之时，十分需要一个和平使者从中斡旋，只有我有此才能，使交战双方明白利害与大义，劝说两军首领罢兵息战。不过，我还缺少两个随从，子路、颜回倒是挺合适的。老师，您说我这种行为算得上讲德吗？"

孔子恳切地回答："子贡，你是个擅长言辞的外交人才呀！"

"哈哈哈"颜回以笑代言。

孔子问："子渊为何如此？难道你不想有所作为吗？"

颜回风趣地说："文武之道被他俩占完了！文臣武将保江山，子渊只好站一边。"

孔子说："随便述志，难道你不想干些事情吗？"

颜回说："我的志向是辅佐圣明君主，广施教化，使纲常正，伦理明，无异端邪说，无征战杀戮，男耕女织，其乐融融，万物各得其所。若如此，仲由之勇，子贡之辩，又有何用?"

孔子面露悦色，赞扬说:"颜回主张普及纲常伦理，天下都以礼行事，不征杀，不施辩，和睦生息，共享安乐，这就是人们应当崇尚的道德呀! 如果能够看到天下太平，我就是马上去死，也心甘情愿啊!"

子贡说:"老师的知识如此丰富，真是天才!"

孔子说:"非也! 我这点有限的知识，也是学而知之。"

子路问:"老师，您给我们讲了仁和德，怎样做一个仁德之人?"

孔子郑重回答:"做仁德之人，必须爱学问，好学，谨言懂行，知错必改，以有修养、有道德的人为榜样匡正自己……"

颜回说:"铭记老师教诲，定做仁德之人!"

"对! 对!"子路，子贡一致赞同。

故事

总统林肯

林肯是美国第十六届总统。

他是一个"乡下佬"，出身于一个拓荒者的家庭。竞选时，他没有专车只是买票乘车。每到一站，朋友们就为他准备好一辆耕地用的马拉车，他便站在车上，开始了竞选演说:

"有人写信问我有多少财产。我有一位妻子和一个儿子，都是无价之宝。此外，还租有一个办公室，室内有桌子一张，椅子三把，墙角还有大书架一个，架子上的书值得每人一读。我本人既穷又瘦，脸很长，不会发福。我实在没有什么可依靠的，唯一可依靠的就是你们。"

他对南方蓄奴制度持鲜明的反对态度，加上往日的声誉，使得这位被誉为"诚实的林肯"的人一举击败了竞选的对手——大富翁道格拉斯，就任美国的总统。

就任总统后，南方的一些反对派爆发了内战，他日理万机，非常繁忙，但他仍坚持在白宫规定的接待日里，接待从上层绅士小姐到下层兵士农民的各类求见者。他和许多来访者一一握手，每次接见后，胳膊总要麻木一个晚上，医生劝阻说："这有损健康，还是停止这种接见吧！"林肯拒绝说："这是洗人民澡啊！"

南北战争中，林肯和许多老百姓一样，把儿子送去参军，他的夫人忧心忡忡，总统便对夫人说："玛丽，多少可怜的母亲都已忍痛作出了这种牺牲。送走了她们的儿子。把罗伯特送上战场，这是为了国家的命运啊！我们有什么不能牺牲的呢？"

严以责己

原文

樊迟从游于舞雩之下，曰："敢问崇德，修慝，辨惑？"

子曰："善哉问！先事后得，非崇德与？攻其恶，无攻人之恶，非修慝与？一朝之忿，忘其身，以及其亲，非惑与？"

——《论语·颜渊》

译文

樊迟与孔子漫步于祭台之下，问："请问怎样（才能）提高品德修养，除去邪念，辨别迷惑？"

孔子说："问得好！先要去追求然后才能有收获，这不就是崇尚品德吗？批评自身之恶，而不要攻击别人之恶，不就除去邪念了吗？为一时愤恨，甚至不顾自己的性命，以至连累父母，这不就是迷惑吗？"

做人哲学

樊迟比孔子小 36 岁，是孔子最小的学生之一，求知欲很强。对于他提出的仁、智、德问题，孔子根据樊迟的情况，有针对性地予以回答。

樊迟深知老师的核心思想是"仁"，曾三次向老师请教"仁"。

孔子说："有仁德的人正视并克服困难，而后有收获，就可以叫作仁了。"

孔子又说："所渭'仁'，日常生活中要恭敬，办事要认真，对人要忠诚，即使去毫无文化的野蛮地区，也不能丢掉这些品德。"

孔子还说："'爱人'便是仁。"

樊迟问："什么叫明智？""什么叫智？"

孔子答："对鬼神敬而远之便是明智。""了解人，提拔正人（即品格、才能、道德好的人）便是智。"

一次，樊迟跟着老师游观雩坛，问："怎样增进德行，改正过失？"孔子答："做事争先、受禄在后，这不就是增进德行的方法吗？

严厉责己而不责别人，这不就是改正过失的态度吗！"

故事

两户邻居

有两户人家紧邻而居，东家的人和乐相融，生活幸福美满；西家的人经常争吵，天天鸡犬不宁。这种情形引起了一位社会学专家的兴趣。

社会学专家问东家的人说："你们一家人为什么从不像西家人那样经常争吵，而能够和睦相处呢？"

"因为我们一家人都认为自己是做错事的坏人，所以能够互相忍让相安无事；而他们一家人都认为自己是好人，因此争论不休大打出手。"东家的人如此回答。

社会学家又问："这是怎么回事呢？"

东家人回答说："譬如有一个茶杯被打破了。在他们家自以为自己是好人的情况下打破杯子的人不肯认错，还理直气壮地大骂："是谁把茶杯乱摆在这里的？"摆杯子的人也不甘示弱地反驳："是我摆的，你为何不小心把它打破了？"彼此间不肯认错，不肯退让，僵持不下当然会吵架了。可是我们家，如果谁不小心打破茶杯，就会抱歉地说："对不起，是我疏忽打破了杯子。"而放茶杯的人听到也会回答："这不全怪你，是我不应该将茶杯放在那儿。"像这样坦白承认自己的过失，互相礼让，怎么会吵架呢？

社会学专家点了点头。

君子之过

原文

子贡曰："君子之过也，如日月之食焉；过也，人皆见之；更也，人皆仰之。"

——《论语·子张》

译文

子贡说："君子有过错，就像日蚀月蚀。有了过错，人人都会看见；改了过错，人人都会景仰。"

做人哲学

鲁哀公六年（公元前 489 年）初夏，孔子一行离陈过蔡，到达负函（今河南信阳市）。负函原属蔡国，后被楚国侵夺。楚昭王授命沈诸梁（即叶公）治理。孔子决定在负函休息一段时间，弥补前几天陈、蔡绝粮七天给大家体质带来的损失。同时，也可以趁机顺访叶公。

子路迷茫不解地问："叶公何许人也？为何去拜访他？有一个传说，叫'叶公好龙'，他家的器物上画着龙，房木上刻着龙，而龙进入他家，他却吓得面如土色，拔腿就跑。如果是他，这样的人怎么值得拜访呢？"

孔子笑着说："'龙'仅是传说中的能走会飞、兴云降雨神异之物，谁也没见过。实际上，叶公家里来的那条'龙'定是一条大蛇。有些蛇是伤人的。叶公为避害离去，有什么不应该呢？我所说的这位叶公，姓沈，名诸梁，字子高，因被楚昭王封于楚国的叶城，是叶地的主宰官，故称叶公。叶公是一位为楚国，为叶地做过许多好事的贤人，所以，不管他'好龙'、还是'不好龙'，我都要去拜访他。访贤就是敬贤、爱贤，学贤！"

沈诸梁得知孔子登门拜访的消息，惊喜万分，一边命人准备宴席，一边率队出迎。

居住就绪、盛宴款待之后，叶公在客厅向孔子问政请教。

沈诸梁恭恭敬敬地问："我作为叶地的主宰官，怎么从政才能把辖境内治理得更好？"

孔子问了叶地的情况之后，聚精会神地思考了一阵子，神态凝重地说："叶地并不富裕，乱子也多，要治理好这个较穷的地方，需做好多方面的事儿。"

叶公问："最重要的事儿是什么？"

"从政，最重要的事儿在于赢得民心。得民心者知天下，得民心者亦能治理好所管辖的地方。"稍一停，孔子接着说："近者悦，远者来。"孔子还对这句话作了补充："'近者悦，远者来'，也适用于治国：与邻近的国家和睦相处，邻国黎民喜悦，而距离远的国家也愿意来交往。"

叶公激动地说："圣人一言重千金，在下一定按夫子的要求去做。"

孔子与叶公自由地交谈起来，一问一答，十分得体。

叶公还提出了一个事关孝道的问题。他说："有一件事，时常萦回脑际，亦请夫子赐教。……我的家乡有个很直的人，他的父亲偷了人家一只羊，他便去丢羊的人家通报。这个很直的人是孝还是不孝？"

"父子关系是最亲近的特殊关系，按现在社会上公认的道德标准，这个很直的人做法应视为不孝。"孔子进一步以肯定的口气说："我们家乡的正直人跟此人不同：父亲替儿子隐瞒，儿子替父亲隐瞒，正直也就在其中了。"

"对，对！"叶公连声赞同，而坐在孔子身旁的子路听了却感到很不舒服，但碍于面子，没吭气。

晚饭后，子路走进老师的居室，直截了当地问："老师，您对叶公说，正直的标准是'父为子隐，子为父隐'，我觉得这话说得不对。正确的道德标准应当是非分明，而不应互相隐瞒过错。不然，怎么理解表明人的美德的名言——'闻过则喜'、'有过则改'、'大义灭亲'呢？"

孔子被子路问得语塞，但并没生气，仔细思考了一会儿，语重心长地说："仲由啊，你真不愧为一个正直的好人！这次，又是你直接指出了我失言之错。请你转告叶公，就说我说的那八个字：'父为子隐，子为父隐'说错了，应予纠正，勿让错言流传误人。"

子路听后，微笑着点了点头，翘起大拇指，转身离去。

子路对叶公说："子高先生，我老师让我转告你，他说，他说错了一句话——'父为子隐，子为父隐'。夫子还特别提醒，'勿让错言流传误人'。"

"夫子正视己错，有错即改，这也是圣人的高明之处啊！"叶公敬叹之余，又问子路："我只感孔子伟大。但我很想具体知道孔子的为人。您长期在夫子身边学习、生活，您觉得，夫子到底是一个怎样的人?"

子路沉思了一会儿,感到难以用几句话评价老师的为人,闭口不答,转身去问夫子。

孔子抱怨说:"仲由啊!你为何不对叶公说,孔丘就是这样一个人:发愤勤学,废寝忘食,诲人不倦,乐而忘忧。甚至,他连自己老了都不知道啊!"

子路点头赞同。

故事

石油大亨的道歉

保罗·盖蒂是西方首屈一指的石油大亨,他把大部分的时间花在油田里和他的雇员一起工作。有一次发生的偶然事件,虽然其本身不太重要,却让盖蒂认识到,和员工建立良好的关系多么重要。

这天,盖蒂在油井工地上注意到一个名叫汉克的搬运工动作懒散,他生气地骂起来:"你在干什么?振作起来,笨蛋!"骂完之后,他还咆哮一声。

"好的,老板。"汉克平静地回答道。不过,他还是奇怪地看了盖蒂一眼。

汉克的神态让盖蒂莫名其妙。不一会儿,他了解到汉克有手伤。汉克本来可以回去接受治疗,但他因为不愿让工友和老板失望,于是留了下来。得知这个情况后,盖蒂走到汉克身旁,说:"抱歉!我刚才不应该发火。我开车送你进城去找个医生看看你的伤手。"听到老板这句话,汉克和他的伙伴久久地瞪着盖蒂,然后笑了。

君子知善恶

原文

子曰："君子成人之美，不成人之恶。小人反是。"

——《论语·颜渊》

译文

孔子说："君子成全别人的好事，不帮助别人成全坏事，小人却和这相反。"

做人哲学

在邹邑衙署内，孔子由颜回陪同，听取邑宰孔忠述职，其中，谈及对一桩婚姻案件的审判。过程是这样的：

一天上午，衙署内来了两男一女打官司。原告是六十余岁的老财主姬原。被告是姬原的仆人、姬原儿子的伴读，叫李文秀，他英俊朴实，文武双全，年庚十八；另一个，则是原告与被告争夺的美人，她叫甄小玉，如花似玉，芳龄十八春。

原告姬原首先诉道："昨天上午，我派人赶马车为我迎娶小妾甄小玉。途中，李文秀和几个蒙面人突然出现，劫持小玉窜入高粱地逃跑了，其他迎亲的人都傻了眼。我得知此情后，派出一千人马找了一夜，直到天明时，才在峄山的山洞里找到了李文秀，他和小玉睡在一起。我有婚约在此，请孔老爷做主，还我小玉，严惩罪犯李文秀！"

李文秀辩称："我与小玉邻村同庚，我们十岁那年，由双方老人定亲，现有婚约在此。五年前，我家因父母患重病需医、父母病故后发丧破产。我无奈，投身姬原家当仆人，还给他儿子当伴读。前天，小玉来姬家看望我，姬原见小玉年轻貌美，顿生歹心，当即取200两银子亲自到甄家逼婚。小玉的父亲不同意，姬原老贼命狗腿子放下银子，硬拿着我岳父的手在他事先写好的婚约上按下手印。昨天，突然抢亲。岳父急忙暗自对我说：'小玉早就是你的人了，你可以半途劫亲，领她远走躲避，我拼上命，也要跟姬财主打官司。'原委就是如此，请孔老爷为小民做主！"

甄小玉当堂作证："李文秀所说俱是实言，姬老贼逼婚抢亲，罪该万死，我宁死不从姬贼，我是文秀的人，请老爷做主，成全我们夫妻吧！"

我猛拍惊堂木，喝令："大刑伺候！"那姬原连忙瘫地认罪。

我当即判决："李文秀与甄小玉乃合法婚姻；姬原恃财作恶，逼婚抢亲，欺压良民，本应坐牢。本宰念你能够认罪，从轻处治；第一，重打四十大板；第二，责令你去甄家谢罪；第三，你逼婚时放甄家的200两银子，作为罚金，补偿你对小玉的伤害！"

姬原叩头如捣蒜，连声说："小人愿挨打受罚，小人愿……"

孔忠讲完这桩案件，问："侄儿这样判决，可以吗？"

"可以，可以！应当这样判！"孔子接着说："君子成人之美，不成人之恶，也就是说，作为君子，应成全人家的好事，不成全人家的坏事！"

颜回问："老师，'君子成人之美'，是一句箴言，这句话是否还有其他解释？对一方是'美'的事，而对另一方就可能是'恶'，双方角度不同，利益不同，对'美'与'恶'的标准也会不同吧？孔忠谈到的这桩婚姻案件不正是如此吗？"

"颜回说得对，你是个肯动脑筋的人哟！"孔子恳切地回答："只有站在公正、仁德的立场上，才能确定'美'与'恶'的标准，才能真正做到'成人之美，不成人之恶'。当然，这句话说起来容易，要真正做到，还必须有君子之德。

颜回、孔忠不约而同地说："记下了，记下了。"

故事

第一个人

第一次登陆月球的太空人其实共有两位，除了大家所熟知的阿姆斯特朗外，还有一位是奥尔德林。当时阿姆斯特朗说过一句话："我个人的一小步，是全人类的一大步。"这早已是全世界家喻户晓的名言。在庆祝登陆月球成功的记者会上，一个记者突然问了奥尔德林一个很特别的问题："阿姆斯特朗先下去，成为登陆月球的第一个人，你会不会觉得有点遗憾？"

在全场注视下，有点尴尬的奥尔德林很有风度地回答："各位，千万别忘了，回到地球时，我可是最先出太空舱的。"他环顾四周笑着说，"所以我是由别的星球来到地球的第一个人。"大家在笑声中，都给予他最热烈的掌声。

信以成之

原文

子曰："君子义以为质，礼以行之，孙以出之，信以成之。君子哉！"

——《论语·卫灵公》

译文

孔子说："君子做事以道义为基础，依礼仪来实行，用谦逊的语言来表达，用诚实的态度来完成。这样真是个君子啊！"

做人哲学

有一次，孔子受鲁哀公之邀，到王宫谈论仁义道德。

孔子说："现在的人可以分为四类：庸人、士、君子、贤人。"

鲁哀公问孔子说："请问什么样的人可以叫做庸人呢？"

孔子说："所谓的庸人是说：嘴里不能说出好话，心里不知道忧虑，不知道选择贤人善士寄托自身并借以除去忧难：行动不知道该做什么，任由七情六欲支配着自己，这样的人就可以叫做庸人了。"

鲁哀公说："很好，那么什么样的人可以叫做士呢？"

孔子回答说："所谓士是指：他虽然不能全部知道做事的方法，但是还能够有所遵循；虽然不能把事情做得十全十美，但是肯定有所处置。所以他不追求知识的渊博，而追求知识的正确；不追求语言的冗杂，而追求所说的话正确；不追求行为的杂多，而追求所做的正确。这样，他所掌握的知识，所说出的话，所做的事，就像生命和肌肤一样不可更改的。因此富贵不能增加他，贫困也不能减损他，这就是士。"

鲁哀公又问："那么什么样的人才算是君子呢？"

孔子回答说："说话忠诚守信，但是内心不以为这是什么了不起的品德，做事讲究仁义，但是并不以此为骄傲，思虑明通，但是言辞上并不争强好胜。所以他舒舒缓缓的不怕别人可以赶得上，这就是君子。"

鲁哀公说："夫子说得对极了！您能告诉我怎样便可以是贤人呢？"

孔子回答说："所谓贤人是说：他做事合乎规矩。但又不违反他的本性，言论足以作天下的表率，但是又不会因此而损伤到他自身，富有天下却并不蓄积财物，财物施舍给他人，但并不担心自己受贫，这样的人就可以叫做贤人了。"

故事

做事先做人

小李和小高都是公司新分来的大学生，两人被安排在同一个部门，做同样的工作，在工作能力和工作业绩上也不相上下，但两个人在为人处世方面却有很大不同。

　　小李比较"直爽",见到人要么直呼其名,要么小赵老王地喊。有一次,小李的顶头上司张经理正在会议室接待客人,小李突然出现在门口,大声喊:"老张,你的电话。"刚刚36岁的张经理,竟被人喊老张,又是当着客人的面,而且喊自己的人还是自己的部下,自然心里很不舒服。

　　而小高就不同了,见到谁都毕恭毕敬的,小心翼翼地喊张经理、马主任,没有职务的,她就喊陈大姐或刘大哥,年龄稍长的职工,她就喊郭师傅。

　　小李只有上班时才来公司,下班就走人,与公司里的人也没有过多交往。小高就不同了,她下班以后,看有人没走就会留下来,与人家聊聊天,说说闲话。谁有什么困难,她也会尽力帮助。当然,她也经常向别人求助。

　　有一次,她来到张经理的办公室,说有一件大事,务必请他参谋参谋。原来她表妹参加高考,想请经理"指点一下,看填什么志愿好"。张经理很高兴、很认真地给她分析了近几年的就业形势,然后慎重地给她提了一个建议。

　　后来,张经理手下的一个副经理调到别的部门主持工作了,公司决定采用公开竞聘的方式选拔新的副经理。小李和小高因为都是本科学历,又都是业务骨干,符合公司规定的竞聘条件,于是,两人都报名竞聘。评委由公司中层以上干部和职工代表组成。竞聘的结果大家可能已经猜到了:小高以绝对的优势击败了小李,成为公司最年轻的中层干部。

仁者必有勇

原文

子曰："有德者必有言，有言者不必有德。仁者必有勇，勇者不必有仁。"

——《论语·宪问》

译文

孔子说："有道德的人一定能说出有道理的话，但是能说出有道理的话的人，不一定有道德。仁人必定勇敢，但是勇敢的人不一定就有仁德。"

做人哲学

孔子的弟子子夏在卫国的时候，一大下午正在赶路，忽然看见迎面飞奔来一辆马车，驾车人是王宫使者，子夏高声问道："发生什么事了？你跑得这么快？"

使者满脸是汗，气喘吁吁地说："大王午睡起来，要我去召勇士公孙悁。"

子夏一听要请勇士，觉着自己劝勉卫灵公的机会来了，他说：

"如果不是公孙悁，但是其勇武和公孙悁一样的人可以吗?"

使者定睛细看子夏，见他长得身材高大，全身上下透出一股英武之气，应不在公孙悁之下，便说:"也可以。"

子夏听了，就跳上使者的马车，说道:"拉我回王宫。"

使者领着子夏去见卫灵公，卫灵公见公孙悁没有来，生气地问使者道:"我命令你去召勇士，为什么召来一个儒生?"

使者说:"回大王，我去召公孙悁，路上遇见此人，他说自己与公孙悁一样地勇武，所以就把他带来了。"

卫灵公说:"原来如此，那先请先生坐下，再去召公孙悁来!"

一会儿，公孙悁来了，他听说子夏来了，以为子夏要抢他的位子，便一脸杀气，气势汹汹，持长剑直奔子夏而来。子夏面不改色，端坐不动，对公孙悁说:"收起你的剑，我要和你谈谈勇武。"

卫灵公也说:"公孙悁，收起剑来，我也要听你们二人谈论谁更勇武。"

子夏对公孙悁说:"如果我和你一起跟随大王西行会见晋国的赵简子，赵简子披头散发，手持长矛，见此情景，我急速走到赵简子面前，对他说:"诸侯目见，不穿朝服不合乎礼节。您若不换上朝服，子夏将割下头颅把血溅满你全身。"赵简子听罢，便会回去换上朝服会见我们大王。在这件事上，你敢这么做吗?"

公孙悁面有惧色，回答道:"我不敢。"

子夏接着说:"你输给我一次了。我又和你跟随大王向东到齐国，会见齐国君主，齐国君主座椅上有双重褥垫，而只给我们大王一个褥垫，我会大步向前，对齐国国君说:'按照礼节，诸侯见面，不可居高临下地交谈。'说罢，我上前从齐国君主身下抽出一个褥垫，使他与大王平起平坐。在这种情况下，你将怎么样?"

公孙悁沉默片刻，脸色变红，说道:"我不敢这么做，不如你勇敢。"

子夏此刻如身临沙场，双眼炯炯放光，一脸英武之气。他继续说道："你不如我勇敢两次了。我又与你一起随大王走到野兽出没的旷野，有两头大野猪猛冲过来追赶大王，我拔出长矛与野猪搏斗，刺杀野猪后回到大王身边，你将如何？"

公孙悁此刻满脸是汗，深深地低着头，不敢正眼看子夏，半晌才说："我的确不如你勇敢。"这时，公孙悁显得不知所措，完全被恐惧震慑住了。可见他不过是一个以暴凌弱的乡野村夫而已。

子夏说道："你之勇敢不如我三次了。所谓高贵的君子，上不惧怕拥有万辆兵车的大国君主，下不欺侮平民百姓，对外保持礼节人格，庄重而高傲使敌人不敢侵犯，对内经得起威胁迫害而使君主不受危害。这是君子的长处，也是君子最可宝贵的品质。那种以自己的长处掩盖短处，以强欺弱，欺凌无辜百姓、横行于街巷之间的人，是君子最深恶痛绝而民众要共同讨伐的。这种人怎么有颜面在君王面前讨论勇武呢？"

公孙悁听到这里，脸色由红变黄，羞愧得无地自容。

卫灵公见子夏如此大义凛然，刚勇而智慧，相形之下，公孙悁则表现出粗野无知、欺软怕硬而不通仁义的本性。就对子夏说："寡人虽然不聪敏，但我愿意选择先生的勇武精神。《诗经》上说：'不侮辱弱小，不畏惧强暴。'正是先生所说的意思啊。"

故事

真正的勇者

病人的子宫长了瘤子，给她开刀的是一位名医。可偏偏名医也有误诊的时候，下刀以后，豆大的汗珠就冒上了他的额头：子宫里长的不是肿瘤，是个胎儿。

名医陷入了痛苦的挣扎：要么继续下刀，硬把胎儿拿掉，然后告诉病人，摘除的是肿瘤；要么立刻把肚子缝上，然后告诉病人，看了几十年病，这回他居然看走了眼。

三秒钟的内心挣扎，名医浑身湿透。三十分钟后他从手术室回到了办公室，静待病人的苏醒。

"对不起。"只见他站在病人的床前说，"太太，请原谅，是我看走了眼，你只是怀孕，并没有长瘤子，所幸及时发现。孩子安好，你一定能生一个可爱的小宝宝！"

病人和家属全惊呆了。然后，病人家属突然冲了上去，抓住名医的领子吼道："你这个庸医，什么东西！"

有朋友笑这位名医："为什么当时你不将错就错？说它是个肿瘤，又有谁知道！"

名医淡淡一笑："可我知道。"

君子去仁，恶乎成名

原文

子曰："富与贵，是人之所欲也；不以其道得之，不处也。贫与贱，是人之所恶也；不以其道去（得）之，不去也。君子去仁，恶乎成名？君子无终食之间违仁，造次必于是，颠沛必于是。"

——《论语·里仁》

译文

孔子说："发财和做官，这是每个人所喜欢的，如果不用合乎道的方法得到它，君子是不会妄有的。穷困和卑贱，这是每个人所厌恶的，如果不用合乎道的方法摆脱它，君子也是不摆脱的。君子离开了仁德，怎样成就他的名声呢？君子即使像在吃饭这么短的时间也不会违背仁德的，就是在最急迫的时候也一定和仁德在一起，在颠沛流离的时候也一定和仁德在一起。"

做人哲学

弟子们跟着孔子周游列国来到陈国，陈国君主对孔子师徒很尊敬，但又不委以重任。他们滞留在陈国，除了读书、听孔子讲解《诗经》和礼仪等学问外，便没有什么重要的事情可以干了。

一天，子路和巫马期两个人来到野外去打柴，这时已经下午，太阳正慢慢地向西方落下。子路和巫马期边打柴边聊天，突然一阵轰隆隆的车马之声呼啸而至。他们抬起头一看，只见满天的黄尘中跑来一队车马，浩浩荡荡，一眼看不到头。马车上的人身穿绫罗绸缎，一派富贵之相，他们在马车上谈笑风生，逶迤而来。马车走到山脚下便停住了。车上的人下来，停好车马，便在草地上席地而坐，拿出酒杯开怀畅饮，酒令和欢笑声在山脚下回荡。

子路看着百步之外的这种富贵生活，心中感慨万千，他见巫马期静静地看着眼前的情景沉默不语，于是问道："巫马期，他们真是够气派啊！如果让你停止学习，便得到这样的富贵荣华，永远也不去见孔子，你愿意吗？"

　　听到这话，巫马期突然长叹一声，一下子把柴刀扔在地上，怒目而视子路，说道："我曾经听孔子说过，'勇士不能丧失精神，仁人志士不能见利忘义。'你不了解我吗？还是想试探我？难道你说的意思就是你的志向吗？"说完，巫马期不等子路说话，转身走到一块石头边坐下，眼睛望着即将落山的夕阳。

　　子路的脸"腾"地一下变得通红，心中惭愧，又见巫马期凛然义愤的样子，他心中十分佩服。他知道巫马期对这种荣华富贵根本没有放在眼中，便自己反思道："是我自己被眼前的这种豪华气派诱惑得动心了吗？我离孔子教诲和追求的君子人格还差得很远呀！"

　　子路回来后，像一个做错事的孩子，他惭愧地把事情向孔子说了一遍。孔子见子路内疚的样子，没有说话，转身拿过琴弹了起来。琴声先是舒缓悠扬，渐渐地慷慨激昂起来。孔子神色严峻，两眼微闭，思绪随琴声飞扬。一曲弹罢，孔子沉思良久，轻轻地说："你羡慕那荣华富贵，难道我的理想不能实现吗？"他像是问子路，也像是在问自己。

　　这时子路已经惭愧地无地自容，垂手恭立在孔子身边，对孔子说："子路愧对老师，愧对巫马期。"

故事

至宝

　　西域来了一个经商的人将珠宝拿到集市上出售。这些珠宝琳琅满目，全都价值不菲。特别是其中有一颗名叫"珊"的宝珠更是引人注目。它的颜色纯正赤红，就像是朱红色的樱桃一般，直径有一寸，价值高达数十万，引来了许多人围观，大家都啧啧称奇，赞叹道："这可真是宝贝啊！"

恰好龙门子这天也来逛集市，见了好多人围着什么议论纷纷，便也带着弟子挤进了人群。龙门子仔仔细细地瞧了瞧宝珠，开口问道："珊可以拿来填饱肚子吗？"

商人回答说："不行。"

龙门子又问："那它可以治病吗？"

商人又回答说："不行。"

接着问："那能够驱除灾祸吗？"

商人还是回答："不能。"

龙门子说道："真奇怪，这颗珠子什么用都没有，价钱却超过了数十万，这是为什么呢？"

商人告诉他："这是因为它产在很远很远没有人烟的地方，要动用大量的人力物力，历经不少艰险，吃不少苦头，好不容易才能得到它，它是非常稀罕的宝贝啊！"

龙门子听了，只是笑了笑，什么也没说便离开了。

龙门子的弟子郑渊对老师的问话很不解，不禁向他请教。龙门子便教导他说："古人曾经说过，黄金虽然是重宝，但是人生吞了它就会死，就是它的粉末掉进人的眼睛里也会致瞎。我已经很久不去追求这些宝贝了，但是我身上也有贵重的宝贝，它的价值绝不只值数十万，而且水不能淹没它，火也烧毁不了它，风吹日晒全都丝毫无法损坏它。用它可以使天下安定；不用它则可以使我自身舒适安然。人们对这样的至宝不知道朝夕去追求，却把寻求珠宝当作唯一要紧的事，这岂不是舍近求远吗？看来人心已死了很久了！"

龙门子所说的"至宝"，就是指人们自身的美德。

孟懿子问孝

原文

孟懿子问孝，子曰："无违。"

樊迟御，子告之曰："孟孙问孝于我，我对曰：'无违。'"

樊迟曰："何谓也?"

子曰："生，事之以礼；死，葬之以礼，祭之以礼。"

——《论语·为政》

译文

孟懿子问什么是孝，孔子回答说："不要违背礼节。"樊迟替孔子起车。孔子告诉他说："孟孙曾向我请教什么是孝；我回答说，'不要违背礼节。'"樊迟问："这是什么意思呢?"孔子说："父母在世时，要依礼服侍他们；父母去世后，要依礼节安葬他们，依礼祭祀他们。"

做人哲学

外出时，孔子的学生樊迟为孔子驾车，一路上孔子告诉樊迟说："刚才孟孙问我什么是父母对待儿女和儿女对待父母的正确原则，我对他说，父母对待儿女和儿女对待父母的正确原则是：父母不要违背自己对于儿女所应尽的责任，儿女不要违背自己对于父母所应尽的责任。"

樊迟说："你所说的父母对于儿女和儿女对于父母所应尽的责任究竟应该怎样具体地表达呢？"

孔子说："父母对于儿女和儿女对于父母所应尽的责任，简单地说这就是：父母在其有生之年，应像理性所要求的那样去做一位完全合格的父亲和一位完全合格的母亲。这样，对于儿女来说，当这两位完全合格的父亲和母亲去世之后，儿女也应像理性所要求的那样为父母举行葬礼，并应像理性所要求的那样去缅怀纪念他们。"

故事

不要再邮寄拐杖

小时候父亲曾让我猜过一个谜语："生出来四条腿，长大了两条腿，老了三条腿。"我怎么也猜不出来，父亲哈哈大笑："那是人啊！"这笑声至今还在耳边回荡，父亲却已拄上了拐杖。

我写信给兄弟姐妹，告诉他们："年迈的父亲走路需要拐杖了。"不知是我没写清楚还是他们没读懂，每人都邮来一根拐杖。

母亲过世早，父亲又当爹又当妈担起双重的责任，省吃俭用，含辛茹苦，把爱心全部倾注到自己的儿女身上。

我成人后为了生计东奔西走，稍有空闲便困守案头，何曾注意过父亲的心情？父亲常走进我的房间，在我身边静静坐上一会儿，之后又回到自己的屋中。从里面传出电视机反反复复的开关声……

那一天，我问父亲是不是生病了，他含着泪说："你就是再忙，也该与我说说话……哪怕一个小时……"父亲的话令我惶恐。我捧起父亲那双日渐枯槁、布满青筋的手失声痛哭，那曾经是一双多么有力的手啊！而今，拐杖限制了他的自由，水泥墙使他脆弱孤独。

我要让年迈的父亲得到儿子时时送来的温暖。

傍晚我搀扶着父亲去河边散步，我对父亲说："我要永远陪伴着你。""不要这样说，孩子……"父亲又落泪了。

不过，我知道，这次父亲的泪水是甜的，不是咸的。我写信给像种子一样散布在各地的兄弟姐妹，告诉他们："不要再邮寄拐杖了，因为父亲身边有我。"

众恶之，必察焉

原文

子曰："众恶之，必察焉；众好之，必察焉。"

——《论语·卫灵公》

译文

孔子说："对于一个人，大家都厌恶他，一定要认真考察一下再表示自己的态度；大家都喜欢他，也一定要认真考察一下再表示自己的态度。"

做人哲学

颜回家贫，在孔门弟子中是最出名的。颜回平时又不善言谈，更使一些富家弟子看不起他，有时还借故污辱他。颜回从不和这些同学计较，只是一心用功读书。

一天，有个同学的铜方圈（镇纸）丢了，就怀疑是颜回偷的。虽然大家在颜回面前旁敲侧击，颜回依然镇静自若，不理不睬。这样，同学们更怀疑是他偷的。

一天放学后，同学们都到孔子面前说颜回偷了同学的铜方圈，开始孔子不信，可告状的一多，孔子生气了，没想到自己门下竟会出现小偷，决定把颜回赶出学堂。可转念一想，颜回偷方圈又没人亲手抓住，假如不是他，不是白白冤枉了一个好孩子吗！孔子想了想，就拿出一锭金子写了几个字，说："那就试试他吧。"

饭后，又见颜回第一个来到学堂。他一脚踏进教室门就被一个硬东西碰了一下，颜回低头忽见脚下有一个白纸包。打开一看是一锭闪闪发光的金元宝，纸包上写道："天赐颜回一锭金。"

颜回笑了笑，取出笔也在上面写了几个字，又把金子包好放在原处，然后走到自己座位上，取出经书放声诵读起来。

过了一会儿，有人趁颜回不注意，把那纸包拿给了孔子。孔子打开一看，纸包上又多了一行字：

天赐颜回一锭金，外财不发命穷人。

孔子看了默不作声，那些诬赖颜回的弟子们也都低下了头。

后来，丢失的铜方圈找到了。那个同学找颜回道歉，颜回只是一笑而已。

从此，孔子更加器重颜回了。颜回也不负师望，不仅学问大进，而且品德修养也居孔门弟子之首，成为孔子三千弟子、七十二贤中的头一名。

故事

大师的悲哀

1929 年的一天，徐悲鸿（现代画家，1895～1953 年）应几位朋友之邀，去参观在京举办的一个中国画展览。

宽敞的大厅里，一幅幅装裱精致的画令人眼花缭乱。徐悲鸿看了一会儿，感到很不痛快。由于不少作画者墨守成规，闭门造车，致使画面死板，毫无新意。他正思忖着，忽然一幅挂在角落里的画引起了徐悲鸿的注意。他仔细端详品味着画面上那几只对虾，只见它们体若透明，摇须摆尾，生动逼真，笔法娴熟。这位曾经观赏过世界许多艺术珍品的画坛巨星，以他那善识人才的慧眼，发现了一位出类拔萃的人才。想到这里，徐悲鸿暗自点了点头，随即叹了一口气。

"徐先生，这齐白石是个 60 岁的老头，听说他以前是个木匠，画得是不是不怎么样？"

"不，我是为这个怀才不遇的人感到惋惜，真没想到在这角落里还藏着一位杰出的国画大师啊！"

"哈哈，您真会开玩笑，把一个性格怪僻、土里土气的乡巴佬当大师！"

徐先生的脸色严肃起来："我不是在开玩笑，我不仅要去拜访他，而且还要聘请他当教授，这样的人才不重用，实在可惜。"

"什么，请齐白石当教授？"友人望着离去的徐先生感到不可思议。

徐先生拜访齐白石回来，兴奋地对人说："齐白石真是一个难得的人才，我要尽一切力量帮助他。"

几天后，徐先生果真聘请齐白石任北平大学艺术学院（徐悲鸿任该院院长）教授，他并亲自乘车接齐白石到校上课。一年后，由徐悲鸿亲自编集作序的《齐白石画集》问世了。它似一阵春雷，震撼着当时保守势力猖獗的中国画坛。

第二章 修养哲学

三人行，必有我师

原文

子曰："三人行，必有我师焉；择其善者而从之，其不善者而改之。"

——《论语·述而》

译文

孔子说："几个人一同走路，其中一定有我可以学习的人；我选择好的地方来学习，看到不好的地方便作为借鉴而加以改正。"

做人哲学

孔子师徒周游列国时，有一天，路过楚国的满城，见到这里湖光山色，秀丽如画，便停车观赏游览。

正走着，忽然看见前面路旁有两个小孩正对着天空指手画脚，争论不休。看上去，两人争论得还非常激烈，互不相让。

孔子走上前去，微笑着说道："二位童子，何事如此争论不休？"

甲童指天画地地说："我们在争辩这轮红日，何时离地面最近。"

孔子吃了一惊，小小年纪，竟然提出了这样连大人也想不到的问题，可见楚国的教化不同凡响。孔子对这两个孩子和他们所提出的问题很感兴趣，便不顾赶路，凑上前去，十分关注地问："依你之见，太阳何时离地面最近呢？"

甲童理直气壮地回答说："早晨和晚上，太阳离地面最近。"

孔子追问道："为什么呢？"

甲童解释说："日出和日落的时候，太阳很大，像车轮一样大，中午的时候太阳像盘子一样大。但凡我们看一件东西时，离着近就大，而离着远就小，所以我说，早晨与晚上太阳离地面最近。"

孔子皱眉想了想，觉得甲童说得的确有道理，不禁脱口赞道："好，言之有理！"乙童抢上前来，辩驳道："有何道理？早晨与晚上，太阳红彤彤的，我们感觉很凉爽，而到中午，则灼热炙烤，就像靠着火盆和热汤似的。但凡我们感觉一种会发热的东西，离着近时热，而离着远时凉，所以我说，中午太阳离地面最近。"孔子的眉宇间又皱了皱，感到乙童也说得很有道理。

人们都说孔子博览群书，上知天文下晓地理，没想到这个问题还真把他难住了，一时不知如何说是好。两个孩子瞪着大眼睛盯着孔子，等待他的解答和评判。孔子目瞪口呆，无言以对。素来实事求是，从不掩饰自己的缺点和不足的孔子老老实实地告诉孩子，这个问题他也不明白。

两个孩子很感失望，其中一个说："人人都说你是一个无所不知的圣人，可是你也有不知道的啊！"

通过解读这句几乎是家喻户晓的话，不难看出孔子自觉提高修养、虚心好学的精神。它包含了两个方面：一方面，择其善者而从之，见人之善就学，是虚心好学的精神；另一方面，其不善者而改之，见人之不善就引以为戒，反省自己，是自觉提高修养的精神。这样，无论同行相处的人善或者不善，自身都能提高。

这不但显示出了孔子教人求知的态度，也体现了孔子学习态度和与人相处的一个重要原则，即随时注意学习他人的长处，随时对他人缺点引以为戒。这不仅是修养、提高自己的最好途径，也是促进人际关系和谐的重要条件。

儒家认为人的地位高低，不是由财富决定的，而是由他的道德水平和学问高低决定的。要提高自己的道德和学问就要不断学习。"三人行必有我师"就是说要看到自己的不足，承认每个人都有优点和长处，都是值得他人尊重和学习的。人只有虚心向他人学习，才能取人之长，补己之短，促进自身道德的不断完善。

孔子作为一代儒家创始人，他的学识和品德无疑都是万里挑一的，可是他仍然虚心求教，不以自己的学识渊博而骄傲自满，反而更加谦虚谨慎。他认为，只要别人有超过自己的地方，哪怕只是一个见解，一句话，也值得自己忠心钦佩和学习。

"三人行，必有我师"可以说是家喻户晓，可是人们并不是经常能够做到。人们常犯的一个通病，就是往往看重于自己的优点和他人的缺点，而忽视自己的缺点和他人的优点；或者只看自己的优点，看不到自己的缺点和他人的优点，爱拿自己的长处跟他人的短处比。在与人相处中，就表现为对优于己、强于己者不服气；对有缺点错误者鄙视、嫌弃；严于责人而宽于责己。这样，既堵塞了向他人学习、提高自己的道路，也造成了人际间的不和谐。所以，重温"三

人行，必有我师焉。择其善者而从之，其不善者而改之"，认真领会
它的深刻内涵，并且努力做到，还是很有意义的。

故事

唐太宗"封王"孙思邈的启示

话说：圣人无常师。即有学问知识的人没有固定的老师。他不
但向比自己知识渊博的人学习，而且也向不如自己的人学习。这正
如《犹太法典》所言："能向任何遇到的人学习好处的人，是世界
上最聪明的人！"有一次，唐太宗患病，太医们束手无策。于是，太
宗传旨召当时的名医孙思邈进宫。孙思邈为唐太宗诊过脉，开了药
方。可是一连服了几次药仍不见效。唐太宗没有责怪他，让他先回
家去。孙思邈心里很不痛快，心想自己行医以来还从未遇到过用药
不愈的情况。行走了半天，他来到一座山下，向山民讨口水喝。这
户山民只有姐妹俩，以卖药材为生。她们对这位远来的客人很热情，
姐姐用黄色的花为他冲了一碗金花茶，妹妹用白色的花为他冲了一
碗银花茶。

孙思邈每样茶喝一口，觉得味甘清淡，止渴清热，就说："这两
种花都可以入药。"姐妹二人听罢，笑了起来。姐姐解释说："这两
种花是同一种花，刚开时白色，盛开时变黄，它叫金银花。别说是
你，就是名医孙思邈也不一定能认清真假呢，这次他在万岁爷面前
丢尽了面子。我们进城卖药，那些太监把我们的药全都拿走，只给
一点点钱。我们气不过，就用假药骗他们，为此连孙思邈也治不好
万岁爷的病。"孙思邈听罢，恍然大悟，当下表明了自己身份，拜两
位山姑为师，跟她们学习采药、制药，了解各种药性。然后，他采

了些新鲜药回宫，只用了一剂药就把唐太宗的病治好了。唐太宗接受了他的忠告，要太监上市买卖公平，并封孙思邈为"药王"。

后来，"药王"以金银花为"君"；甘草、生地、桔梗为"臣"，配制成"甘桔汤"方剂。至今，凡中医师开"甘桔汤"，都会自然而然想起虚心好学的"药王"孙思邈。

古之学者必有师，却又无常师。孔子询官于郯子，访乐于苌弘，学琴于师襄，问礼于老聃，而成千古圣贤。齐国名臣晏婴勤奋好学，不管什么地方，只要遇到有才能有知识的人，他都去拜之为师，虚心求教，博采众长。相传他有"先师百人"，因此他学识精深，能言善辩，成了齐国名臣。

匹夫不可夺志

原文

子曰："三军可夺帅也，匹夫不可夺志也。"

——《论语·子罕》

译文

孔子说："大军可能丧失主帅，但一个人不能放弃志向。"

做人哲学

鲁昭公七年（公元前535年）。当时，鲁国"三分公室"（一说"四分公室"），其政治代表人物无不注重养士、招士、礼贤下士。一天，权倾朝野的鲁国相国季孙氏做出决定：仲冬时节，在相国府举办一次款待文人学士的盛大宴会，招贤纳士。

孔子这年17岁，已是鲁国学识深湛、深孚众望的青年才俊了。孔子思考着：利用宴会机会，和季孙氏接触，如果他真的了解了自己，收为家臣，就等于登上了政治舞台。凭自己是陬邑大夫的儿子和博学多才这两条，也具备士的资格了。何不抓住这个机会，跻身仕途呢？

相国府举办宴会这天上午，孔子来到相府门口的石头台阶前，一些穿戴华丽、神气十足、自由出入的纨绔子弟的形象映入他的眼帘；

再看看自己穿的孝服，显然与今天季府喜气洋洋的气氛不协调。心想：母亲离世不久，穿孝服正是儿子的礼、德嘛！想着、想着，孔子挺胸昂首，拾级而上。

"停住！你是何人？来此做甚？"大门旁站着的那位凶神恶煞的汉子大喝一声。

"在下孔丘，来参加相府宴会。你是？"孔丘止步，恭敬回答，并问对方。

那汉子手握宝剑，傲慢无理地说："哈哈哈……知道，知道孔丘大名！至于本人嘛，乃相国的家臣阳虎也！"

"失敬了，失敬了！孔丘对阳虎管家早有所知，未曾见面。"孔丘说完，施一礼，向相府走去。

阳虎索性伸臂站立在大门口中间，挡住了孔子的去路："相国请文人学士、社会名流，你有什么资格赴宴！"孔子理直气壮地说："我也是士嘛！"

阳虎故意用污言恶语羞辱孔子："哈哈哈……你明明是羊倌、是吹鼓手，这叫什么士呀？还不快走！免得待在这里丢人败兴！"

孔子怒视阳虎，激愤地说："得意忘形的脏鸡安知展翅雄鹰之志！对蛮横无理之人，我还耻与面对、羞与论争呢！"说完，气冲冲地走下石阶。

孔子负气回家，坐在书房里静思，并认真审视社会现实，悟出了一个道理：人生不平坦，磨炼成大器。从此，他以更加坚韧的毅力投入苦读、社会实践和自身修养之中。

故事

没有一片黑夜不可以被照亮

第十六届美国总统亚伯拉罕·林肯出身在一个鞋匠家庭，而当时的美国社会非常看重门第。林肯竞选总统前夕，在参议院演说时，遭到了一个参议员的羞辱。那位参议员说："林肯先生，在你开始演讲之前，我希望你记住你是一个鞋匠的儿子。""我非常感谢你使我想起我的父亲，他已经过世了，我一定会永远记住你的忠告，我知道我做总统无法像我父亲做鞋匠做得那么好。"参议院陷入一阵沉默里，林肯转头对那个傲慢的参议员说："就我所知，我的父亲以前也为你的家人做鞋子，如果你的鞋子不合脚，我可以帮你改正它，虽然我不是伟大的鞋匠，但我从小就跟随父亲学到了做鞋子的技术。"然后，他又对所有的参议员说："对参议院的任何人都一样，如果你们穿的那双鞋是我父亲做的，而它们需要修理或改善，我一定尽可能帮忙。但是有一件事是可以肯定的，我无法像他那么伟大，他的手艺是无人能比的。"说到这里，林肯流下了眼泪，所有的嘲笑都化成了真诚的掌声。后来，林肯如愿以偿地当上了美国总统。

作为一个出身卑微的人，林肯没有任何贵族社会的硬件，他唯一可以倚仗的只是自己出类拔萃的扭转不利局面的才华，这是一个总统必备的素质。正是关键时的一次心灵燃烧，使他赢得别人包括那位傲慢参议员的尊重，抵达了生命的辉煌。

人的一生难免有遭人轻视的日子，难免有暂时远离辉煌的岁月。当你感到自己遭遇了来自外界的打击时，不要忙着怨天尤人，首先打开自己灵魂的门看一看吧，看看自己有哪些可以发光的东西。

富贵如浮云

原文

子曰："饭疏食，饮水，曲肱而枕之，乐亦在其中矣。不义且富且贵，于我如浮云。"

——《论语·述而》

译文

孔子说："吃粗粮，喝凉水，睡觉时弯着胳膊当枕头，这里边也

是有乐趣的。用不正当的方法得到的富足和尊贵，在我看来犹如浮
云一般。"

做人哲学

鲁定公五年（公元前505年）六月，鲁国相国如意季孙（季平
子）死了，他的儿子季孙斯（季桓子）接任相国。这时，季平子的
家臣（总管）阳虎趁季孙斯立足未稳，欲取而代之。阳虎感到，要
在鲁国专权，光凭武力不行，还必须有高智谋的文官当谋士。于是，
决定聘请孔子出仕，让孔子为自己效力。

一天，孔子听到阳虎登门拜访的报讯，打发儿子去应付，自己
躲了起来，回避这个专横跋扈、曾戏弄过自己的恶人。阳虎无奈，
硬是留下礼物，急速离去。

阳虎走后，孔子气愤地说："这阳虎真不讲道德，故意做这让人
难为情的事。我若不去阳虎家致谢，有违现在受礼人必须对送礼人
登门致谢的礼节；我若去阳虎家，岂不落个与乱臣同流合污的嫌疑！
这——"孔子反复思考，想出了一个两全之策。于是，派一弟子暗
中注视阳虎是否出门，趁他不在家时，去他家致个空谢就回转。孔
子刚一接到阳虎已离开家门的报讯，立即乘马车与子路一起赶到阳
虎门口，问门人阳虎是否在家，门人说不在。孔子对门人说了两句
客气话，请门人转告，便急忙转身告辞。不料，在返回途中，孔子
的马车正好与阳虎的马车相遇。孔子知道中计，为时已晚。

阳虎先跳下车，拱手施礼道："夫子可好？"

"好，好！阳虎大人可好？"孔子下车，拱手应付。

阳虎赔着笑脸说："我想聘请夫子做官，当我的谋士，这样做，
夫子会大有作为、前途无量的！"

"丘实无从政之才，还是继续教书授徒为好。"孔子胸有成竹地回答。

阳虎问："夫子的学问如此高深，难道都是死学问？难道你的学问不能入仕用？"

阳虎这一句话，刺痛了孔子的心。孔子不由自主地说："不，不，不，我研究学问是为了报效国家，我是准备入仕的。"

"那好，那好！望夫子早日定弦，我准备随时迎接您到我府就职！"

孔子心乱如麻，慌慌忙忙地说："我得赶快回去给学生讲学，告辞！"

回到学堂，子路不悦地说："难道老师真的要到阳虎那儿供职？在阳虎手下做官，等于为虎作伥！"

孔子说："走的路不一样，我怎能应阳虎之聘呢？"孔子深吸了一口气，又说："吃粗菜淡饭，喝白开水，弯着手臂当枕头，虽苦犹甜，乐在其中。不符合道义的富贵，对于我来说是天上的浮云，我是不要的。"子路笑着说："噢，我听明白了一句话，是摆脱阳虎的应酬话呀！"

故事

我们不能这样办

一个星期日的早晨，皮埃尔·居里看了一封从美国来的请求指导制镭的信以后，对妻子居里夫人说："我们要在两种决定中选择一个。一种是毫无保留地叙述我们的研究结果，包括提炼方法在内……"

居里夫人说："是，当然如此。"

皮埃尔继续说："另一种是取得制镭的专利权，不随便公开技术秘密。"

居里夫人想了几秒钟，然后说："我们不能这样办，这是违反科学精神的。"

皮埃尔强调说："我也这样想……但是我不愿意我们这样轻率地做出决定，我们的生活很困难……这种专利代表很多的钱，代表财富，有了它我们一定可以过得舒服，可以去掉辛苦的工作，也可以有一个好实验室。"

居里夫人立即接着说："物理学家总是把研究全部发表的。我们的发现不过偶然有商业上的前途，我们不能从中取利。再说，镭将在治疗疾病上有大用处……我觉得似乎不能借此求利。"

妻子的话，说到了丈夫的心上。

晚上，皮埃尔写信给美国技师，把制镭的技术告诉了他们。

有错必改

原文

子曰："过而不改，是谓过矣。"

——《论语·卫灵公》

译文

孔子说："犯了过错而不加以改正，这才是真正有过错了。"

做人哲学

孔子到齐国后，进见齐景公而没有拜访晏婴。

子贡问："老师，咱们来齐国，您为何只见齐君而不见齐相？"

孔子回答："晏婴连续被齐灵公、庄公、景公三世国君重用，执掌国柄，可谓事三君而顺焉！我怀疑他是个八面玲珑、处事圆滑的人。因此，我不想见他。"

晏婴听到孔子议论自己的话，不无感慨地说："因为我以一心事三君，一心一意地忠实执行三世齐君的旨意，为齐国的安定富强竭尽全力，所以我干相国一直很顺利。而以三心事一君的人，当然是不会顺利的。现在，孔子离开我晏婴的行为，而认定我从政顺利的原因是八面玲珑、处事圆滑。对此，让人难以接受……开始的时候，我认为孔子的言论是珍贵的，现在我对他的言论的正确性感到疑惑……"

孔子听到晏子对自己言论的评价，认识到自己说错了话，自我检讨说："我私下议论晏子并不确知他有什么过失，这是我的罪过。我听说，君子能把有过失的人作为朋友，把不如自己的人作为老师。如今，我失言于晏子，晏婴讥讽我是对的。对晏婴相国，我应视之为师！"

于是，孔子先安排辩子宰予前往齐国相府，代自己向晏婴谢罪。随后，又亲自登门拜访，向晏子道歉。

事后，晏婴评论此事说："圣贤之人也会错，但贵在有错认错，有错必改。孔子就是这样的圣贤之人啊！"

故事

半个世纪后的道歉

人们常会有一些令人抱憾的人际关系，而他们又想有所弥补。然而很长时间过去了，他们仍然一次又一次地认为说声道歉作为补偿已为时太晚了。我要对这些人说："No，No，弥补过去的错误永远不会嫌太晚，新的开端随时可出现在你的面前。"

多年前当我还是纽约城一家教堂的牧师时，有一次有幸遇到了杰出的音乐家、亚特兰大交响乐团的指挥家罗伯特·肖。他建议我以教堂的唱诗班为主组织一个合唱团，他愿意来给我们当指挥，定让它成名。他的建议触发了我的灵感，我想年轻的教徒们肯定会满怀喜悦地欢迎我的建议。我想像小合唱团在著名音乐家指导下定能轰动纽约城，不禁心花怒放。我当即与肖签订合同并请他放心，我有能力使合唱团尽早成立。

不幸的是，当我把这个消息在唱诗班公布时，一些人包括几名唱诗班的老成员都不赞成，这些典型的因循守旧者认为合唱团与"神圣的"教堂唱诗班相距甚远。"这会让我们丢面子"——

他们毫不掩饰地让我知道，他们反对我的意见。我拗不过他们，只好编造一些原因对罗伯特·肖说："现在教堂里太忙，过些日子一定把合唱团组织好，那时再请你来。"肖很失望，但他还说能理解我。当然，我后来再也不会去请肖。

几乎半个世纪过去了，这件事一直在我心头厮磨着，使我没有勇气再与罗伯特·肖联系。但是，我的良知却一直提醒我：曾经犯过一个错误，至今没有纠正。

上个星期，在忐忑不安中我写了一封信给罗伯持·肖，告诉他我曾撒过的谎，并且向他道歉。这位伟大的音乐家几乎是一收到信就给我回了一封信，他感谢我"诚恳、坦率"，并且声称他和我一样有错，因为他的建议使我为难，等等。

从此，我心头的一块重石落地，原来即使是这么多年后，一句道歉也不嫌太晚。

苟有过，人必知之

原文

子曰："丘也幸，苟有过，人必知之。"

——《论语·述而》

译文

孔子说："我真幸运，一旦有错，人家就给我指出来了。"

做人哲学

鲁君为周公的后代，吴王为周公伯父泰伯的后代，鲁、吴两国国君家族同姓姬。依礼法，同姓不通婚。鲁、吴两国之间，一国的国君是不能从另一国君主家族中娶妻的。而鲁昭公从吴国国王家族中娶了一位夫人，按照惯例，国君夫人的称号应是出生国国名加上本人姓，应叫吴姬。为了回避同姓，昭公为她改称号为"吴孟子"。尽管如此，此事亦引发异议。

鲁哀公三年（公元前492年），60岁的孔子率弟子周游列国，客居陈国司城贞子家中。陈公召见孔子，请教肃慎氏之箭的事，孔子于陈庭辨矢讲箭史，博得满朝文武喝彩。

事后，陈国司寇赴孔子居处拜访，当时，孔子正与弟子巫马施在客厅研讨"礼"，见客人来访，巫马施入内间回避。

在问过师徒在陈生活、学习情况之后，陈司寇问孔子："鲁昭公懂得礼吗？"

显然，这是个有所指的敏感而棘手的话题。

孔子资质高，反应灵敏，当即从维护国家尊严的外交角度，郑重回答："鲁昭公是懂礼的。"

趁子孔子临时离去，陈司寇作个揖，请巫马施来到自己面前，然后说道："我听说君子是不偏袒别人的过错的。孔子作为鲁国最著名的君子也偏袒吗？鲁君从吴娶妻，因同姓，讳称她'吴孟子'。鲁君这样做，如果算是懂礼，还有谁不懂礼呢？"

待孔子和巫马施送走客人后，巫马施将陈司寇的话全部报告老师。

孔子愉快地说："我孔丘真幸运呀，如果有了过错，人家必定让我知道。"

巫马施不解地问："老师，陈国司寇明明指出了昭公不懂礼和你偏袒他的错误，你却感到'幸运'、喜悦，这是为何？"孔子严肃地说："谁指出我的过错，谁就是我的朋友。你们时常夸赞'颜回闻过则喜'、'于路闻过则喜',我是你们的老师,我不更应该闻过则喜吗?!"

巫马施道:"老师真是学识、德行、修养高超的圣人啊!"

故事

一封感谢信

乔治·罗纳曾在维也纳当过多年律师,第二次世界大战期间,他逃到瑞典,变得一文不名,急切地需要一份工作。他能说能写几国的语言,希望能在一些进出口公司找到一份秘书的工作。但是,绝大多数公司都回信告诉他,因为正在打仗,他们不需要这类人才。不过他们会把他的名字存在档案里……

在这些回复中,有一封信这样写道:"你完全没有了解我们的生意。你又蠢又笨,我根本不需要什么替我写信的秘书。即使需要,也不会请你这样一个连瑞典文也写不好,信里全是错字的人。"

乔治·罗纳看到这封信时,气得发疯。乔治·罗纳也写了一封信,想气气那个人。但他冷静下来对自己说:"等等!我怎么知道这个人说得不对呢?瑞典文毕竟不是自己的母语。如果真是如此,想要得到一份工作,就必须不断努力学习。他用难听的话来表达他的意见,并不意味着我没有错误。因此我应该写封信感谢他才对。"

于是,他重新写了一封感谢信:"你写信给我,我实在是感激不尽,是在你并不需要秘书的情况下。我对自己将贵公司的业务弄错一事表示抱歉。之所以给你回信,是因为听他人介绍,说你是这个行业的领导人物。我的信上有很多文法上的错误,而自己却无法自知,我备感惭愧,而且十分难过。现在,我计划加倍努力去学瑞典文，改正自己的错误，谢谢你帮助我不断地进步。"

不久，乔治·罗纳就收到那个人的回信，并且给了他一份工作。通过这件事，乔治·罗纳发现了宽容的妙处。

既往不咎

原文

子曰："成事不说，遂事不谏，既往不咎。"

——《论语·八佾》

译文

孔子说："对于那些已经成了事实的事情就不要议论了，对于那些正在顺利进行的事情也不必再加谏阻，对于已经过去的事就不要追究了。"

做人哲学

宰予是孔子学生中的一个反面人物。孔子说宰予能言善辩，但正如孔子自己所认定的那样，单纯的能言善辩并不是什么优点。如果没有美德作为基础，那些能言善辩就会混淆真理与谬误以及善与恶的区别，并把真理说得好像是谬误，把谬误说得好像是真理，把善说得好像是恶，把恶说得好像是善。孔子说："予之不仁也！"可见宰予确实不是那种具有关德的能言善辩的人。宰予对孔子的仁本主义政治学说抱着一种轻漫和嘲讽的态度，并尽其歪曲理解之能事。此外，他还是一个言行不一、有言无信、有懒惰恶习的人。

一天，鲁哀公约孔子及其弟子宰予交谈社祭（祭土地神）之事。

哀公问宰予："供奉土地神的神土（木牌位）用什么木料？"

宰予回答："夏代用松木，商代用柏木，周代用栗木。周代用栗木的意思是使黎民百姓害怕得战战栗栗。"

对此，哀公请孔子加以评说。

孔子说："已经完成的事就不要再说了；正在顺势办的事，就不要再劝阻；而对已经过去的事，应既往不咎，不必再予追究了。"

宰予问："老师，您谈到'既往不咎'，对已经过去的错误不再追究责备，是广义的，还是专指周代的做法？"

孔子认为周朝的做法及其用意是不妥当的，但又不便明讲，所以，只好用较为模糊的语言回答："对于既成事实的事，何必再去追究责备呢？把'既往不咎'的含义推而广之，又有何不可呢？"

宰予又问："对于曾伤害过您的感情而后来又认错的人，您能对他宽容吗？"

孔子果断地回答："能，也可以既往不咎！"

哀公、宰予点头微笑……

故事

拿破仑的宽容

有两名英军将领从凡尔登战俘营逃出，来到布伦。因为身无分文，只好在布伦停留了数日。

这时布伦港对各种船只看管甚严，他们简直没有乘船逃脱的希望。

对家乡的热爱和对自由的渴望，促使这两名俘虏想了一个大胆而冒险的办法，他们用小块木板制成一只小船，准备用这只随时都可能散架的小船横渡英吉利海峡。这实际上是一次冒死的航行。当他们在海岸上看到一艘英国快艇，便迅速推出小船，竭力追赶。他们离岸没多久，就被法军抓获。

这一消息传遍整个军营，大家都在谈论这两名英国人的非凡勇气。拿破仑获悉后，极感兴趣，命人将这两名英军将领和那只小船一起带到他面前。他对于这么大胆的计划竟用这么脆弱的工具去执行感到非常惊异，他问道："你们真的想用这个渡海吗？"

"是的，陛下。如果您不信，放我们走，您将看到我们是怎么离开的。"

"我放你们走，你们是勇敢而大胆的人。无论在哪里，我见到勇气就钦佩。但是你们不应用性命去冒险。你们已经获释，而且，我们还要把你们送上英国船。你们回到伦敦，要告诉别人我如何敬重勇敢的人，哪怕他们是我的敌人。"

拿破仑赏给这两个英军将领一些金币，放他们回国了。

许多在场的人都被拿破仑的宽宏大量惊呆了。只有拿破仑知道，他的士兵们将从这番话中受到怎样的鼓舞，他的人民将如何赞扬他的宽容无私。他似乎已经听到了士兵们震天的呼声以及巴黎激动的口号。

哲学家卡莱尔说："伟人往往是对待别人的失败中显示其伟大的。"用宽容的态度去待你的"敌人"，这样就会表现出你的与众不同之处，也正因为你闪光的人性，使你得到别人的信任和敌人的佩服，这样你就既赢得了他们的心，也取得了最高层次的胜利。

君子之德

原文

或曰："以德报怨，何如?"
子曰："何以报德? 以直报怨，以德报德。"

——《论语·宪问》

译文

有人问："以恩德回报怨恨，怎么样?"
孔子说："那么你如何来回报别人的恩德呢? 应该用正直回报怨恨，用恩德回报恩德。"

做人哲学

子明问老师："以德报怨怎样?"
孔子说："又用什么来报答恩德呢? 用公平正直报答怨恨，用恩德来报答恩德。"
孔子又说："以直报怨，以德报德，是君子之德，是一个好人应具备的美德。能做到这样，自然会有好结果。现实社会中不乏其例，你自己想想看。"

子明说："弟子明白了。在齐国的公子小白与管仲之间，即有'以直报怨'和'以德报德'的问题。齐国内乱中，公子纠、公子小白兄弟二人均外逃。齐君被杀后，兄弟二人皆想回齐登上君位。管仲为保其主公子纠继承君位，曾武力阻止小白返齐，并射他一箭，二人之间，怨恨可谓大矣！然而，小白登上君位后，他就是齐桓公，不计较对管仲的怨恨，反而拜他为相，这就是以直报怨、以德报怨；而管仲充分施展自己的才能，全力辅佐齐桓公治理好齐国，又使齐桓公成为天下霸主。这就是以德报德，以德报直！"

"老师，您老人家不是也做了许多以直报怨，以德报德的事吗？您为何能这样做？"子明问。

"以直报怨，以德报德是君子之德，我愿向君子看齐呢。"孔子回答。

以德报怨就是用恩德回报怨恨。据《新唐书·娄师德传》记载，当娄师德的弟弟要到代州去做官时，他教导弟弟要学会忍耐。其弟说："这没问题，比如说有人向我脸上吐口水，我把它擦掉就是。"可娄师德却说："擦掉也不对，因为这样还是会显露出你对他的做法不满，所以，应该让它自己在脸上干掉。"这样的修养功夫就是以德报怨，一般人真是很难做到。但是，孔子并不赞成这样的做法。他主张以直报怨，以德报德。要用正直的行为去回报别人的怨恨，用恩德去回报别人的恩德。所谓用正直的行为去回报别人的怨恨，那就并不排除对那些恶意怨恨的反击，在善恶是非的问题上还是应当恩怨分明。总而言之是"投桃报李"或"投我以木瓜，报之以琼瑶"，而不是一味地逆来顺受，不讲是非原则地以德报怨。

故事

一杯牛奶

罗伊小的时候家里很穷，为了攒够自己上学的学费，就去挨家挨户地借。一天，罗伊十分劳累，已经一整天没有吃东西了，感到十分饥饿，可是摸遍全身，只找到一角钱，这点钱根本不够吃饭，怎样办呢？他决定向下一户人家讨口饭吃。

当罗伊来到下一户人家，开门的是一位年轻美丽的女子，当他看到这位年轻美丽的女子时，却有点不知所措了。为了维持自己仅剩的一点尊严他没有要饭，只向她乞求一口水喝。

这位女子看到罗伊很饥饿的样子，十分同情，就送他一大杯牛奶喝。他慢慢地喝完牛奶，问道："我应该付多少钱？"

年轻女子回答："一分钱也不用付。因为妈妈从小就教导我，要对所有的人都充满关爱，做力所能及的事，并不图回报。"

罗伊说："既然你这么说，那么，就请接受我由衷的感谢吧。"说完罗伊离开了这户人家。

走出门来，他感到自己浑身充满了力量，上帝好像正朝他点头微笑，一股男子汉的豪气顿时迸发出来。本来，他是想退学的，但他现在改变了主意。

数年之后，那位年轻美丽的女子得了一种十分罕见的疾病，当地的医生对此束手无策。她被转到大城市医治，由专家会诊治疗。

如今，那个小罗伊已是一位大名鼎鼎的医生了，他也参与了这次医治，当看到病历上所写的病人的经历时，他很佩服这位患者，面对这种令人难以忍受的痛苦，常人很早就放弃了，而她从未放弃过希望。这个女孩顽强的求生欲望感染了他，一个奇怪的念头霎时闪过他的脑际，他马上向病房奔去，来到病房，他一眼就认出在床上躺着的病人就是曾经帮助过他的恩人。

回到办公室，罗伊暗暗下了决心："我一定要竭尽所能治好恩人的病！"

从那天起，他就特别关照这个病人。经过努力，手术成功了。但却花去了巨额的医疗费用，他毅然在高额的医药费通知单上面签下了自己的名字。

当医药费通知单送到这位特殊的病人手中时，她不敢看，因为她确信治病的费用将会花去她的全部家当。最后，她还是鼓起勇气，翻开了医药费通知单，旁边写着一行小字："医药费是一杯牛奶。"

第三章　修身哲学

为仁由己

原文

颜渊问仁。

子曰："非礼勿视，非礼勿听，非礼勿言，非礼勿动。"

——《论语·颜渊》

译文

颜渊请教什么是仁。

孔子说："不合礼仪就不去看，不合礼仪就不去听，不合礼仪就不去说，不合礼仪就不去做。"

做人哲学

颜渊向老师请教"为仁",即做仁德之人的问题。

孔子说:"为仁就是约束克制自己的言行和私欲,循礼而行。一旦这样做了,天下的人就会称赞你是个仁人。为仁由己,做仁德之人,应由自己按仁的标准去做,完全在自己,难道还在于别人吗?"

颜渊问:"实行仁德的具体要求是什么?"

孔子回答:"不符合礼的东西不看,不符合礼的言论不听,不符合礼的话不说,不符合礼的事不做。"

颜渊说:"弟子虽然愚笨,对老师的箴言亦有所感悟:'为仁'是老师坚持的最高道德标准,实行仁德修养完全靠自律、靠自己,正如老师所说,'为仁由己'。我要按照恩师的话行事,做仁德之人。"

故事

败在形象上

小乔和小 A 是同一天来到这家著名广告公司应聘美编的。单从两个人的作品上看,技术水习不相上下。小乔在思路方面略胜一等,因为她在广州有过 3 年的工作经验,两个人一起参加试用,最后只能留下一个。

小乔上班时间从来都是一身 T 恤短裤的打扮,光脚踩一双凉拖,也不顾电脑室的换鞋规定,屋里屋外就这一双鞋。不管是在工作台前画图,还是在电脑前操作,只要活干得顺手,一高兴起来准把鞋踢飞。刚开始，同事们还把她的鞋藏起来，和她开玩笑，后来发现她根本不在乎，光着脚也到处乱跑。相反小 A 是第一次工作，多少有点拘谨，穿着也像她的为人一样雅致，带着少许灵气，她从来不通过怪发型、亮眼妆来标榜自己是搞艺术的，只是在小饰物上展示出不同于一般女孩的审美观点来，说话温文尔雅，很可爱。

有一天中午，电脑室的空气中忽然飘出腥臭味道，弄得一班人互相用猜疑目光观察对方的脚，想弄清到底谁是"发源地"。后来，大家发现窗台下面有嗦嗦的响声，原来那里放着一个黑色塑料袋，有胆子大的打开来一看，居然是一大袋海鲜。众人的目光不约而同地集中在小乔身上，没想到她坦坦荡荡地说："小题大做，原来你们是在找这个。嗨，这可怪不得我，这里的海鲜只能算是海臭，一点都不新鲜，简直比广州的差远了。"这时小 A 端过来一盆水：乔姐，把海鲜放在水里吧，我帮你拿到走廊去，下班后你再装走。"小乔一边红着脸，一边把袋子拎走了。

结果呢，试用期才进行了两个月，小乔背包走人，尽管她的方案比小 A 做得要好，但是老板不想因为留下这样一个太不修边幅的人，而得罪一大批其他雇员。临走的时候，老板对小乔说：

"你的才气和个性都不能成为你搅扰别人心情的原因，也许你更适合一个人在家里成立工作室，但要在大公司里与人相处，该修边幅还得修。"

要将工作环境与家庭环境区别对待。工作就得有工作的样子，这不但是对他人的尊重，也体现出一种礼仪和素质。

巧言令色，鲜矣仁

原文

子曰："巧言令色，鲜矣仁。"

——《论语·学而》

译文

孔子说："在那些仅仅热衷于美丽动听的美好言辞和令人倾倒的华丽外表的人之中，具有美德的人必然是为数稀少的。"

做人哲学

弟子请教老师："对表面好听的虚伪话和谄媚讨好的神色，应怎样看待？"

"巧言令色鲜矣仁！"孔子进而解释，"花言巧语，假装谦恭，这种人不会有多少仁！"

为引导学生识辨"巧言"的虚伪性，孔子又强调说："巧言乱德！"在孔子看来，花言巧言，面孔伪善，足以败坏道德！

故事

善辩的费舍尔

费舍尔部长的夫人会写小说，而且会写长篇小说。她的作品题目也长得怕人，目前在巴勒摩市场街上，和过期的鱼子酱一起，七折出售的一本她的小说，叫做《冬天里的最后一只蟋蟀的哀鸣》。

连续获得过欧洲妇女联盟颁发的"好先生奖"的费舍尔部长，用一切办法暗示他的属员，每人至少要买一本他夫人的那部有两英寸厚的、当然读起来也很头痛的小说。否则的话，不言而喻，下一财政年度，以紧缩开支的名义，不肯买这部小说的人，必然要挤进领取失业救济金的行列里去。

最令人感到荒唐的是，没过多久，正如大家早就料到的一样，一般人未必做得出，而他，这位部长却绝对敢干的，这部小说获得了"金房子"奖。即使最有修养的安格列斯勋爵、前任公共建筑和住房部长也觉得太过分了。他来到翁勒贝宫，对他的继任者说："亲爱的费舍尔先生，当初这个奖的设立，主旨是为了鼓励那些优秀的建筑设计师及其作品的。"

"您认为我夫人不应该获奖吗？"

"他得别的什么奖我管不着，至少不能获'金房子'奖！"

"您错了，勋爵！我夫人小说里的主人公，那只哀鸣的蟋蟀，是躲在壁炉里过冬的。而壁炉，谁都知道，是建筑物的一部分，这您是没法否认的，是不是？"

曾经参加过反法西斯战争的安格列斯勋爵哑口无言。

苦中有乐

原文

子曰："一箪食，一瓢饮，居陋巷，人不堪其忧，回也不改其乐，贤哉回也。"

——《论语·雍也》

译文

孔子说："颜回这个人，为了自己的远大理想，他可以快乐地居住在简陋的小屋里，忍受每天只有一盒饭、一碗水的清贫生活。即使面对任何人都无法忍受的苦难，他也绝不会改变他对他的理想所抱持的乐观态度。我的颜回是一个多么杰出、多么出类拔萃的人啊！"

做人哲学

在曲阜孔府东邻，有一座气势恢宏的古建筑群——复圣庙，祭祀的是孔子的第一大弟子颜回，所以后人又称之为"颜庙。"

孔子收徒，有教无类，不问贫富，只要认学，他都招进门里。颜回初见孔子时，不过是个十多岁的孩子，他个头矮小，衣衫褴褛，面黄肌瘦，但他的额头出奇的高，向前凸着，双眼深凹，炯炯有神，透着机敏、聪慧。颜回向孔子拜了三拜，磕了仨头，就算成了孔门弟子。

颜回初见，并没给孔子留下什么深刻印象。后来，孔子渐渐发现，在弟子中读书最用功的就是颜回，而且很少提问，只是瞪着一双大眼睛像贪食般地听孔子讲经授业。

放学了，弟子们都回家吃饭了，颜回总是最后一个走，饭后又第一个来到学堂，然后就捧卷诵读。时间一长，孔子就觉得奇怪了，颜回为什么回家吃饭这么快？

这一天，孔子派人偷偷跟随颜回，看个究竟。

原来，颜回家住东关的贫民区。平时，颜回的父亲在城外种地，不回家吃饭；颜回的母亲又在外给人帮工，也不回家吃饭。这样，颜母每天早晨给儿子做一锅菜汤。颜回回到家也不管凉热，拿起用竹筒做成的饭碗，挖出一碗菜汤就津津有味地吃起来，有时菜汤喝不饱，他就跑到井边，用水瓢舀几瓢井水喝，然后就背上书包去学堂。

孔子派人观察了几天，天天如此。孔子听了回报既心酸怜悯，又十分叹服。于是说了收在《论语》上的这段话："一箪食，一瓢饮，居陋巷，人不堪其忧，回也不改其乐，贤哉回也。"

故事

永不放弃的林肯

林肯的一生几乎都是在失败中度过的。他从小就很不幸，母亲是私生女，父亲是粗鲁的懒汉。林肯出生在大雪纷飞的冬天，家中一贫如洗。他9岁时母亲积劳成疾离开了人世，失去母爱的他一直在苦难中挣扎。15岁时才勉强上了一家私塾，每天要走4英里的路才能到达学校。买不起练习本，便用炭棒在木板上写字，写满了字以后，用刀子刮掉一层再接着写。没钱买书，就借同学的书，用废纸抄写下来，做成一本书。天长日久，他有别于常人的性格特质开始表现出来，他开始写诗、散文，并在报刊上发表。他开始大量读书，各式各样的书报他都看，在下田劳作的时候，他把书本带在身上，抽空阅读。

他学会了公开演讲，并结识了几位著名的律师，他们经常带林肯去法庭听辩论。他的这种"痴学愚行"，受到父亲的严厉责罚。成人之后，林肯仍然没有走出困境。他种过地，伐过木，帮过厨，跑过船，当过铁匠铺的伙计和杂货店的店员，还做过邮递员和测量员。在工作中，他结识了一位叫安妮的姑娘，两人一见钟情，心心相印，可是在结婚之前，安妮却突然病故，林肯遭受到了沉重的打击。他的朋友说："二十多年来，林肯没有一天是快乐的。"后来，一位叫玛丽的姑娘看上了林肯，订婚之后林肯发现两个人并不合适，他要解除婚约，可女方坚决不同意，林肯无奈地逃婚了。两年之后，林肯为了道义上的责任，在犹豫和惊慌中与玛丽姑娘结了婚。他明白自己并不爱玛丽，在道义与幸福之间，他牺牲了幸福。这个婚姻使他从此失去了安宁。1832年，他竞选州议员落选，连工作都丢了；1833年再次向朋友借钱经商，再次失败，后来用了17年时间才把债务还清；1834年再次竞选州议员，当选；1840年参加国会大选，资格被否定，三年后才当选；1848年欲连任国会议员，遭到失败；1854年和1858年两次竞选参议员失败；1860年终于当选了美国总统，当时他已51岁。林肯说："虽然有过心碎，但依然火热；虽然有过痛苦，但依然镇定；虽然有过崩溃，但依然自信。因为我坚信，对屡战屡败的最好办法，就是屡败屡战，永不放弃。"

里仁为美

原文

子曰："里仁为美。择不处仁，焉得知？"

——《论语·里仁》

译文

孔子说："居住在有仁德的地方才是好的。选择住处，不住在有仁德的地方，那怎么能说是聪明智慧呢？"

做人哲学

孔子和弟子们匆匆离开了卫国，向晋国进发。这天，他们来到黄河岸边，等待渡船。傍晚时分，就见成群结队的流民从对岸驶来的船上蜂拥而下，孔子心里一惊：晋国出事了！

子贡拦住难民一问，原来是晋国的执政大臣赵简子在中牟（今河南汤阴县）发动叛乱，杀死了窦鸣犊和舜华两位贤人。赵简子的叛军和平叛的军队，四处开战，使晋国陷入一片混乱，百姓们纷纷逃离家园。一向主张"危邦不居，乱邦不入"的孔子，此时面对黄河，长叹道："好壮丽的黄河啊！可惜我不能渡过了。"

孔子正准备第二天原路返回，赵简子的使臣赶来拜见孔子，请求孔子前往中牟，和赵简子一同治理晋国的朝政。孔子动了心，就想渡过黄河，到晋国发挥自己的才干去。

孔子正犹豫，子路站出来说："老师，你曾说过，绝不与乱臣贼子合作共事呀！"

孔子沉思良久，说："是的，我是说过这样的话。可是，我还说过，坚硬的东西，再磨也磨不薄，真正洁白的东西，再染也染不黑。"

子路仍不死心，劝道："滴水穿石，近朱者赤，近墨者黑，这只是个时间问题。我想，老师总不能糊涂到以身取不义的地步吧！"

子路的话有些过火，说得孔子很恼火。但是孔子转念一想，子路的劝告不是没有道理，于是打消了去晋国的念头，让子路立即套马到陈国去。

做人哲学

安徒生跟老朋友断交

安徒生（丹麦童话作家，1805～1875年）这个丹麦鞋匠的儿子，竟成了作家。使得上流社会的知识分子因嫉妒而打击他。安徒生感到苦恼，便离开丹麦到国外去旅行。在外国结识了不少朋友，德国的奥古斯登堡就是一个。

1848年普鲁士侵入丹麦的国境，这种侵略行为引起安徒生的极大愤怒。

四年后，他到德国的法兰克福去旅行。许多德国朋友像往常一样拥到车站去迎接他。一位朋友说："汉斯，奥古斯登堡公爵夫妇在家里等您，希望您去和他们会见。"

安徒生的笑容消失了，皱起了眉毛。

那位朋友连忙说："公爵本要来迎接您的，只是临时有个重要会议……"

"我不愿意去见他们。"安徒生说得斩钉截铁。

"你们不是老朋友吗？"旁边的人不清楚安徒生为什么生气，难道是因为公爵没来迎接吗？他们正想劝解，只见安徒生说："奥古斯登堡参加了四年前普鲁士侵略丹麦的战争，我怎么能再去看这个家族的人呢？"安徒生眼里射出愤怒的火光："这一家人给我们祖国带来了许多灾害，就是在街上碰见他们都要使我感到痛苦，我绝不要再见到他们！"

从此，两位老朋友便断交了！

第四章 处事哲学

过犹不及

原文

子贡问："师与商也孰贤？"

子曰："师也过，商也不及。"

曰："然则师愈与？"

子曰："过犹不及。"

——《论语·先进》

译文

子贡问："子张和子夏谁强一些？"

孔子说："子张过分了些，子夏似乎还有些不足。"

子贡说："那么子张强一些吗？"

孔子说："过分和不足是一样的。"

做人哲学

鲁哀公请孔子从弟子中推荐人才。孔子在撰写（题名录）之前，分别与个别弟子交流认识。

子贡问老师："颛孙师和卜商两个人比较，谁贤能些?"

孔子说："颛孙师过了一些，卜商稍嫌不足。"

子贡接着问："如此看来，还是颛孙师贤能一点?"

孔子肯定地说："过犹不及。应讲一个度，太过和不足同样不可取。"

子贡说："我明白了，老师讲'过犹不及'，是说超过事物的一定界限和未达到一定界限同样不好。这是全面看问题的思想方法。"

孔子点了点头，接着又补充道："在贤能方面，我说他俩过犹不及，是说各有差距。但从主要方面看，这两个学生都是比较贤能的。"

在孔子提交给国君的《题名录》中，共推荐 10 人。颛孙师、卜商、子贡名列其中。

故事

爱德华兹的失败

20 世纪 60 年代早期，爱德华兹竞选美国中西部某州的议会议员。此人资历高，又精明能干、博学多识，看起来有希望赢得选举的胜利。

但是，在选举的中期，有一个很小的谣言散布开来：三四年前，该州首府举行的一次教育大会中，爱德华兹跟一位年轻女教师"有那么一点暧昧的行为"。这实在是一个弥天大谎，爱德华兹对此感到非常愤怒，他先是采取保守的态度，没有对这件事给予回应。

有人说爱德华兹没有回应，就是默许了这件事情。爱德华兹越想越生气，他不想造成大众的这种错觉，他开始采取行动，在以后的每一次集会中，他都要站出来极力澄清事实，证明自己的清白。其实，大部分的选民根本没听到过这件事，但是，现在人们却愈来愈相信有那么一回事，真是愈抹愈黑。公众们振振有词地反问："如果你真是无辜的，为什么要百般为自己狡辩呢？"

如此火上加油，爱德华兹的情绪变得更坏，也更加气急败坏、声嘶力竭地在各种场合下为自己表白，谴责谣言的传播。然而，此举更使人们对谣言信以为真。最悲哀的是，连他的太太也开始转而相信谣言，夫妻之间的亲密关系被破坏殆尽。最后爱德华兹失败了，从此一蹶不振。

谣言刚开始传播的时候，这是一件很小的事情，后来因为爱德华兹没有把握好处理这件事情的度，先是过于消沉，后是过于激烈，把这件事情越弄越糟，最后以失败而告终。

女子与小人

原文

子曰："唯女子与小人为难养也，近之则不逊，远之则怨。"

——《论语·阳货》

译文

孔子说："只有妇女和小人是最难对付的，如果亲近他们，他们就认为你放肆，如果疏远他们，他们又抱怨。"

做人哲学

孔子第一次到卫国，受到卫灵公的热情接待。卫灵公请孔子留在卫国任职，每年给他六万斗谷子做俸禄。孔子见灵公诚心挽留，就满心欢喜地答应下来。孔子有意在卫国干一番大事业，可很长时间过去了，卫灵公也没给他安排什么职务，只是利用孔子的名声，借以炫耀自己"尊贤"而已。

卫灵公的夫人南子，是一个放荡而又好弄权的女人，她也想借助孔子的名望来抬高自己，于是传话给孔子说："四方来的君子，凡是看重国君的，没有不来见我南子的，听说孔子是当今圣人，我也想见见他。"

由于南子深得卫灵公宠爱，孔子要想在卫国立住脚，就难以谢绝南子的召见，只好硬着头皮进了宫。

孔子晋见南子，南子面南而坐，孔子向北叩头行礼。因隔着帷帐看不清南子的容貌，只听到南子还礼时，身上佩带的金银玉器互相碰撞得叮当响。南子原以为当今圣人是一位英俊少年，没想到竟是一个面貌丑陋的糟老头子，立时没了兴趣，只是随便问了些无关紧要的话题，便草草收场了。

孔子出了深宫，觉得浑身自在，刚到街口，迎面遇上了子路。秉性直率、言行粗鲁的子路竟怒形于色，使孔子心里觉得不是滋味，就像自己做错什么似的，对天发誓道："我如果有什么地方做的不对的话，就让老天爷惩罚我吧！"

过了一段时间，卫灵公邀请孔子一起出游，孔子十分愉快地被接到第二辆车上。车队招摇过市，帝丘（今河南濮阳）的百姓纷纷上街看热闹。有人见了这场面说："孔子虽然被尊为圣人，但还是比不上漂亮的女人重要啊！"

孔子觉得这是一次耻辱的出游，半路上便不告而退，步行着回了家。

事后，不知趣的卫灵公竟兴致勃勃地找孔子谈论那次出游，孔子讥笑他说："我还没有见过这样的国君，竟然把漂亮女人看得比有道德有学问的君子还重要，真是太不像话啦！"

卫灵公觉得孔子说得太重，太不给人留面子。从此，卫灵公就疏远了孔子。

孔子觉得卫国已不是存身之地了，便决定离开卫国到晋国去。

孔子离开卫国，有一位大臣代表南子来送他，大臣请孔子留言。孔子不禁冷笑着嘲讽道："世上唯有女人和小人是难与相处的，你亲近他们呢，他们就对你不尊重；你疏远他们呢，他们又会怨恨你。这种女人与小人实在难以改造啊！"

故事

契诃夫的一个客人

一位长得很丰满，穿得很漂亮的太太来看契诃夫（俄国作家，1860～1904年）。她一坐下来，便高谈阔论：

"人生多么无聊，……一切都是灰色的：人啦，天啦，海啦，连花也是一样，在我看来都是灰色的。没有欲望……我的灵魂里充满了痛苦。……这好像是一种病……"

契诃夫心里明白：像这种满身洒满香水的华丽的太太，喜欢的是留声机、蜜饯，有时也装出对政治很关心的样子提出问题，但不过是种表面文章而已。他清楚这一类人的灵魂深处。

"的确，这是一种病！"契诃夫开始说话了，"它还有一个拉丁名字：mor—busPRITUORIALIS。"

这句拉丁文是"假病"、"装病"的意思。那位阔太太也许不懂拉丁文，也许是假装不懂。她没有做出不满的表示，坐了一会儿就走了。

君子喻于义

原文

子曰："君子喻于义，小人喻于利。"

——《论语·里仁》

译文

孔子说："君子通晓的是大义，小人懂得的只是私利。"

做人哲学

孔子 40 岁这年春季的一天，与妻子亓官氏商议女儿、侄女的婚事。

亓官氏关切地说："你再忙，也应把女儿、侄女的婚事挂在心上，她们都长成了大姑娘，也该给他们找婆家了。"

"这几个月以来，我也常考虑这件事。"孔子微笑着说。

亓官氏说："学生的情况你摸得清，是否从他们之中考虑。"

孔子说："我也是这么想的，并且已有了具体的打算，想听听你的意思。"

"那你就快说说吧。"亓官氏催促说。

孔子说："有两个青年，一个叫南宫适，字子容；另一个叫公冶长，字子长。"

"人品、长相、家境如何？"亓官氏问。

孔子对这两位弟子逐一作了介绍。

南宫适，23 岁，家庭比较富裕，高高的身材，英俊帅气。孔子说："这些条件不是主要的。"孔子突出强调了他的三大优点：

第一，崇尚道德。南宫曾问我："传说中的人物羿善于射箭，善于水战，但都不得好死；而禹、稷善于种田（不会打仗）都得了天下，这是什么原因呢？"对此，我并没有回答，但从他能提出这样的问题本身，我断定他是一个"尚德"不尚刑的君子。

第二，言语谨慎。南宫对《诗经·大雅》中的白圭四句诗很感兴趣，反复地念："白圭之玷，尚可磨也；斯言之玷，不可为也。"意思是说白圭上的斑点还能磨掉，我们言语中有了污点便没有办法去掉了。我由此认为，南宫有"白圭"的志向，有白璧无瑕的美德，有"君子欲讷于言而敏于行"的品质。

第三，能正确对待入仕。他能做到"邦有道，不废；邦无道，免于刑戮"。在国家政治清明时，南宫能做个好官；在国家政治黑暗时，他能不被污染，不做坏事，免于灾难。

亓官氏问："公冶长的情况怎样？"

孔子说："公冶长19岁，家境贫寒，但很有志气。他学习刻苦，治学严谨，注重礼仪，为人厚道，还是个美男子。虽然曾被抓进监牢，但并不是他犯了什么罪过……。他遇到困逆能不怨不尤、忍耻受辱……"

亓官氏说："公冶长也是个好人！这两个人都不错；女儿、侄女也都是品端貌美的姑娘，他（她）们的结合，算得上郎才女貌，都挺合适。不过，细想一下，按年龄给她俩定婿比较合适。女儿比侄女大一岁，是否让女儿嫁给南宫，让侄女嫁给公冶长？"

"这样做，不是不行。"但孔子接着摇了摇头说，"只是不能这样做。因为，这样做了，会有不少人在背后议论我们存心不良，把女儿嫁给富家公子，把侄女嫁给一个坐过牢的贫寒书生。我看，还是把侄女嫁给南宫，把女儿嫁给公冶长为好。"

亓官氏说："既然你这样说，就按你的主意办吧。"

孔子按夫妻俩商议的意见，分别与南宫、公冶长商议，两位弟子均十分满意。

不久，孔子夫妇依礼仪，相继给女儿、侄女完婚成亲。

故事

关照别人就是关照自己

一年冬天，年轻的哈默随一群同伴来到美国南加州一个名叫沃尔逊的小镇,在那里,他认识了善良的镇长杰克逊。正是这位镇长,对哈默后来的成功影响巨大。

那天,天下着小雨,镇长门前花圃旁边的小路成了一片泥淖。于是行人就从花圃里穿过,弄得花圃一片狼藉。哈默不禁替镇长痛惜,于是不顾寒雨淋身,独自站在雨中看护花圃,让行人从泥淖中穿行。

这时出去半天的镇长满面微笑地从外面挑回一担煤渣,从容地把它铺在泥淖里。结果,再也没有人从花圃里穿过了。镇长意味深长地对哈默说:"你看,给人方便,就是给自己方便。我们这样做有什么不好?"

后来,哈默在艰苦的奋斗下成为了美国石油大王。一天深夜,他在一家大酒店门口被黑人记者杰西克拦住,杰西克问了他一个最敏感的话题:"为什么前一阵子阁下对东欧国家的石油输出量减少了,而你最大对手的石油输出量都略有增加。这似乎与阁下现在的石油大王身份不符。"

哈默听了记者这个尖锐的问题,没有立即反驳他,而是平静地回答道:"给人方便就是给自己方便。而那些想在竞争中出人头地的人如果知道,关照别人需要的只是一点点的理解与大度,却能赢来意想不到的收获,那他一定会后悔不迭。给人方便,是一种最有力量的方式,也是一条最好的路。"

中庸之为德

原文

子曰："中庸之为德也，其至矣乎！民鲜久矣。"

——《论语·雍也》

译文

孔子说："中庸作为道德，该是最高层次了！人们不了解它，已经很久了。"

做人哲学

一天上午，大司寇孔子由几名弟子陪同，徒步在鲁都城内巡查社会治安，来至南菜市时，发现一群人围观两个打架斗殴者。

孔子住步，只见两筐青菜撒在地上，被践踏得不成样子；两个厮打的人蓬头垢面，踏掉了鞋子，扯破了衣服，抓破了脸皮。那个四十多岁的壮年人猛使一个别脚，把那个少年摔倒了，跨腿骑到他身上，正欲举拳猛打其头，孔子上前抓住了那壮年人的拳头，大喝一声："不许打人！"

围观者怒指壮年，愤愤评说："冉仁是个老无赖！""冉仁欺负孩子!""冉仁挤占少年的摊位,还撒人家的青菜!"

两个打架人垂手站立在大司寇面前。那少年说:"回禀大司寇,小人叫程敬,我先来此卖菜,冉仁硬把菜挑子放在我的摊位上,他让我'滚蛋!'我与他辩理,他不仅将我的一担青菜撒了,还打人。请大人给小民做主!"

"对,对!就是这么回事!"众人不约而同地说。

在大司寇面前,冉仁刚才的那副凶相一扫而光,吓得目瞪口呆,面色苍白。

"你冉仁,要学仁,不害人!"大司寇威严地说。

子路扯了一下孔子的衣衫,与老师低声耳语:"这冉仁是冉雍的父亲。"

"啊!"孔子十分惊奇,转身走至随在最后边的冉雍跟前说:"这事由你处理!"说完,离开了南菜市。

冉雍掏出银子,交给程敬说:"小兄弟,你受惊了、吃亏了,权且收下这四两银子作为对你的补偿吧!"

程敬接过银子,对冉仁说:"你也向这位小哥学学!"

回到家里,冉雍对坐立不安的父亲说:"爹啊!你老人家再这样做下去,孩儿还能在曲阜立身做人吗?我是夫子的学生,处处以礼行事,你这样蛮横无理,我还有脸做孔子的学生吗?"

冉仁羞愧地低下头,对儿子说:"千错万错,都是爹的错。这次,被夫子碰上,大司寇给留了这么大的面子,对于他说的话,我全记住了,今后一定做一个站得住脚的人。"

果然,冉仁从此变成了一个孔子说的"学仁"、"不害人"的好人。在南菜市上,他和程敬竟然成了互帮互助的好朋友。

几天之后,冉雍就此向老师复命。孔子说:"我料定你能把此事处理得很好。因为,我知道你是一个学识深、仁德高的好人啊!"

故事

葛孟的中庸之道

美国成人教育专家戴尔·卡耐基是处理人际关系的"老手",然而早年时,也曾犯过小错误。

有一天晚上,卡耐基参加一个宴会。宴席中,坐在他右边的一位先生讲了一段幽默故事,并引用了一句话,意思是"谋事在人,成事在天"。那位健谈的先生提到,他所引用的那句话出自《圣经》。然而,卡耐基发现他说错了,他很肯定地知道出处,一点疑问也没有。为了表现优越感,卡耐基认真又讨嫌地纠正了过来。那位先生立刻反唇相讥:"什么?出自莎士比亚?不可能!绝对不可能!"那位先生一时下不来台,不禁有些恼怒。

当时卡耐基的老朋友法兰克·葛孟就坐在他的身边。葛孟研究莎士比亚的著作已有多年,于是卡耐基向他求证。葛孟在桌下踢了卡耐基一脚,然后说:"戴尔,你错了,这位先生是对的。这句话出自《圣经》。"

那晚回家的路上,卡耐基对葛孟说:"法兰克,你明明知道那句话出自莎士比亚之口。"

"是的,当然。"葛孟回答,"在《哈姆雷特》第五幕第二场。可是亲爱的戴尔,为了那么一点儿小事就和别人较起劲来,值得吗?再说,我们是宴会上的客人,为什么要证明他错了?那样会使他喜欢你吗?他并没有征求你的意见,为什么不保留他的脸面,说出实话而得罪他呢?"

处变不惊

原文

子畏于匡，曰："文王既没，文不在兹乎？天之将丧斯文也，后死者不得与于斯文也；天之未丧斯文也，匡人其如予何？"

——《论语·子罕》

译文

孔子被匡地的人拘禁。

孔子说："周文王死了以后，周代的礼乐文化不都保留在我这里了吗？上天如果想要消灭这种文化，那我就不可能掌握这种文化了；上天如果不想消灭这种文化，那么匡人又能把我怎么样呢？"

做人哲学

鲁定公十三年（公元前 497 年）深秋，已在卫都帝丘客居半年多的孔子，意识到卫灵公听信谗言，派人以侍奉为名，实则监视自己。于是，决定去陈国。

孔子一行辞别送行的蘧大夫、颜大夫和新结识的朋友们，离开帝丘，向西南方向走去。刚走了一个多时辰，忽遇几辆马车飞奔而来。一位衣着华丽、英姿焕发的青年跳下马车，来到孔子坐的车前，施礼道："晚辈特来拜师！"说完，扑通跪地叩头。

"站起回话！"孔子下了车，看着这位双眼闪着灵气的美貌青年，问："姓名？贵庚？哪里人氏？怎来这里？"

那青年恭恭敬敬地回答："我叫公良孺，陈国人，今年20岁。上月，遵父命，我乘车去鲁都，找您拜师。到曲阜后，方知您已客居帝丘。到帝丘后，我听到老师急需车辆和银两，我还在街上见到了老师和师兄们。我想，还是先回家带来马车再拜师为好。我回到家里，与父亲商议，父亲满口答应。我带来了5套车马和一些银两，献给老师，以壮行色。"

孔子问："我正在周游，教学与磨难相结合，你是富家子弟，能吃得消吗？"

"吃得消，我自幼受父亲严教，家富而不奢侈，素以吃苦为乐，读书、习武两不误，您看我体魄多健壮！"公良孺爽快地回答。

"好，好，收下你这个小弟子。"孔子激动地说。

孔子一行分乘7辆车，弟子们争着御车。一路扬鞭策马，车轮滚滚，人欢马叫，喜气洋洋，气派非凡。

进入匡地（属卫国，在今河南长垣县境内）时，孔子的弟子颜刻说："当年阳虎由此攻进匡城！"接着，大家议论起阳虎来了。恰在这时，一个骑马的年轻人听到议论阳虎，仔细看了看孔子，突然快马加鞭，飞驰而去。

天气逐渐变得阴沉起来，微微的秋风里略带雨味。

突然，黑压压的一大片人马迎面而来，由远逼近，横断前面。

孔子急令停车观察。

原来，那个骑马的年轻人是个探兵，匡地的头目接到"阳虎又来了"的禀报，立即带兵马前来堵截。一个持刀挎剑、骑着高头大马的壮汉拦住去路，高声叫骂："阳虎老儿，一年前，你侵扰匡地，欠下血债。今天，你进入了我公孙戍的手心，老子让你粉身碎骨！小子们，先把仇敌围起来！"

霎时，几百名匡人一下子将孔子师徒团团围住。

孔子站在车上，对弟子们说："原坐不动，不必惊慌，匡人认错人了，仲由前往说明。"

子路走至公孙戍马前，施礼道："子路奉老师之命，特来向公孙先生说明白，我师徒是经匡地去陈国，非阳虎也！"

公孙戍不以为然地说："我的探兵说，去年阳虎血洗匡地时，他亲眼看见阳虎是个大个子，还看清了他的模样，'今天，你们刚进入匡地，就谈阳虎如何如何，被我们探兵听到了，他已来报。"公孙戍指着孔子说："阳虎是个大个子，那人不就是阳虎吗？我的探兵说，他的模样与阳虎一样！"

子路哈哈大笑说："阳虎是叛国贼，已逃至晋国去了。你说的'那人'，子路指了一下孔子，接着说："那个身材伟岸之人，就是我们的老师——世人皆知的圣人孔夫子！"

公孙戍带着惊疑的神色问："他真的是孔丘吗？"

子路说："正是，一点不错！"

公孙戍下令："后退一段距离，继续包围监视，待弄明其真实身份后，再放行也不迟。"遂暗自派人去鲁国打听孔子的情况。

孔子干脆安排弟子们："原地休息，免生祸患。"

夜色降临，秋雨淋沥。孔子师徒衣服淋湿了，冷气袭人，人人身上起了鸡皮疙瘩。

天明了，风止雨停，日出东方，弟子们显得面色憔悴。孔子安慰学生说："文王死了以后，周公文化的传统不都在我身上吗？老天爷如果要毁弃这文化，就不应让我有此抱负；老天爷不想断绝这文化，匡人又怎能奈何我们呢？"孔子铿然有力的宣讲，给弟子们助了威，壮了胆。

公孙戌的喽啰们十个一组，八个一堆，一边吃送来的热饭，一边监视对方的行动。

第二天过去了，孔子师徒带来的食品已经吃完。饿得吃不消时，便开始就地采一些野菜充饥，加之没有水喝，人人舌干唇裂，没精打采。

子路看到这种状况，七窍生烟，说："是谁让我们遭受这种困境的啊！"欲操兵器与公孙戌拼个死活。

孔子连忙制止："与其死拼，不如用弹琴唱歌的办法退敌！"

子路弹琴高歌，孔子亦弹琴和唱，唱道："周文王死了以后，所有的文化遗产都掌握在我这儿吗？上天如果非要毁灭这些文化，那我又能有什么办法？上天如果不想毁灭这种文化，那匡人又能把我怎样呢？"公孙戌听到琴声、歌声，自言自语："看样子，那个大个子不像阳虎。阳虎是粗野草寇，怎会弹唱呢？"于是下令撤兵。

孔子一行得以脱困。

故事

玻璃钢的杯子

一个农民，初中只读了两年，家里没钱继续供他上学了。他辍学回家，帮父亲种三亩薄田。在他 19 岁时，父亲去世了，家庭的重担全部压在了他的肩上，他要照顾身体不好的母亲，还有一位瘫痪在床的祖母。

20 世纪 80 年代，农田承包到户。他把一块水洼挖成池塘，想养鱼。但乡里的干部告诉他，水田不能养鱼，只能种庄稼，他只好把水塘填平。这件事成了一个笑话，在别人的眼里，他是一个想发财但非常愚蠢的人。

一场洪水后，鸡得了鸡瘟，几天内全部死光。赔了500元对别人来说可能不算什么，对一个只靠三亩薄田生活的家庭而言，是个天文数字。他母亲受不了这个刺激，竟然忧郁而死。

他后来酿过酒、捕过鱼，甚至还在采矿的悬崖上帮人打炮眼……可都没有赚到钱。35岁的时候，他还没有娶到媳妇，即使是离异有孩子的女人也看不上他。因为他只有一间土房随时有可能在一场大雨后倒塌。娶不上老婆的男人，在农村没有人看得起的。

但他还想搏一搏，就四处借钱买一辆手扶拖拉机。不料上路不到半个月，这辆拖拉机就载着他冲入一条河里。他断一条腿，成了瘸子。而那拖拉机，被人捞起来，已经支离破碎，他只能拆开它，当作废铁卖。

几乎所有的人都说他这辈子完了。

但是后来他却成了城里一家公司的老总，拥有两亿元的资产。现在，许多人都知道他苦难的过去和富有传奇色彩的创业经历。媒体采访过他，报告文学描述过他。其中有这样一个情节：记者问他，"在苦难的日子里，你凭什么一次又一次毫不退缩？"

他坐在宽大豪华的老板台后面，喝完了一杯水。然后，把玻璃杯子握在手里，反问记者："如果我松手，这只杯子会不会碎。"

记者说："摔在地上，碎了。"

"那我们试试看。"他说。

他手一松，杯子掉到地上发出清脆的声音，但并没有碎，而是完好无损。他说："即使有10个人在场，他们都认为这只杯子必碎无疑。但是，这只杯子不是普通的玻璃杯，而是用玻璃钢制作的。"

贞而不谅

原文

子曰："君子贞而不谅。"

——《论语·卫灵公》

译文

孔子说："君子坚持正道直行，讲究原则，而不固执。"

做人哲学

通达之人遵循着最高标准：那就是变；变才是天地之大道。

坚持一种原则，坚持一种规律，或坚持一种规范，这些都还不够，通达之人坚持这一切又放弃这一切，他遵循着更高的标准，那就是变，变才是天地之大道。

万事万物都在兴衰生灭，沉浮起伏，一种原则、规律或规范都有严格的时间、地点和条件的限制，所以，天理没有长久的正确，事情也没有经常的错误。以前有用，现在或者要抛弃；现在抛弃的，以后或者还要用它。这用或者不用没有一定的是非。所以，能在是非中有是非，又能在是非中无是非，便达到了极高的智慧了。

　　孔子到吕梁山游览，见一男子在那里游水，便赶上去问他："吕梁瀑布深几十丈，流水飞沫远溅几十里，鱼鳖也不能浮游，刚才我看到你在那里游走，以为你是有痛苦而寻死，便打发学生沿着流水去救你。你却游出水面，披头散发，一面走，一面唱，我以为你是鬼怪，但仔细观察，还是人。请教你，到这深水中去有什么办法呢？"

　　那男子说："没有，我没有办法。水回旋，我跟着回旋进入水中；水涌出，我跟着涌出水面。顺从水的活动，不自作主张，这就是我能游水的缘故。"

　　所以，随机应变，与物迁移，不固守一端，不固执一辞，一会儿上，一会儿下，一会儿左，一会儿右，一会儿前，一会儿后；这就是真正的通达之士了。

故事

卖水的淘金者

　　19 世纪中叶，美国加州传来发现金矿的消息。许多人认为这是一个千载难逢的发财机会，于是纷纷奔赴加州。17 岁的小农夫亚默尔也加入了这支庞大的淘金队伍，他同大家一样，历尽千辛万苦，赶到了加州。

　　淘金梦是美丽的，做这种梦的人很多，而且还有越来越多的人蜂拥而至，一时间加州遍地都是淘金者，而金子自然越来越难淘。

　　不但金子难淘，而且生活也越来越艰苦。当地气候干燥，水源奇缺，许多不幸的淘金者不但没有圆致富梦，反而葬身此处。

　　小亚默尔经过一段时间的努力，和大多数人一样，没有发现黄金，反而被饥渴折磨得半死。一天，望着水袋中一点点舍不得喝的水，听着周围人对缺水的抱怨，亚默尔忽发奇想：淘金的希望太渺茫了，还不如卖水呢。

于是亚默尔毅然放弃对金矿的努力，将手中挖金矿的工具变成挖水渠的工具，从远方将河水引入水池，用细纱过滤，成为清凉可口的饮用水。然后将水装进桶里，挑到山谷一壶一壶地卖给找金矿的人。

当时有人嘲笑亚默尔，说他胸无大志：千辛万苦地到加州来，不挖金子发大财，却干起这种蝇头小利的小买卖，这种生意哪儿不能干，何必跑到这里来呢！亚默尔毫不在意，不为所动，继续卖他的水。哪里有这样的好买卖，把几乎无成本的水卖出去，哪里有这样好的市场？

结果，许多淘金者都空手而归，而亚默尔却在很短的时间靠卖水赚到几千美元，这在当时是一笔非常可观的财富了。

侍于君子有三错

原文

孔子曰："侍于君子有三愆：言未及之而言谓之躁，言及之而不言谓之隐，未见颜色而言谓之瞽。"

——《论语·季氏》

译文

孔子说:"侍奉君子时容易犯三种过失:君子想说话尚未说的时候,你抢先说,就是急躁;有些话君子已经说到了,你还不说,就是隐瞒;不察言观色便贸然张口说话,就是不长眼睛。这三种过失都应注意避免。"

做人哲学

鲁定公十五年(公元前495年)春夏之交的一天晚上,卫灵公宴请宠卿近臣,并以歌舞助兴。席间,南子和公孙余假眉来眼去,众卿暗自气愤;太子蒯聩久知南子淫乱,目睹此况,自感无比羞辱,愤然退席回内宫⋯⋯

深夜,蒯聩持剑潜入后宫禁地行刺南子,武艺高强的公孙余假以剑相挡,南子幸免遇难。在"捉拿刺客"声中,蒯聩逃出卫宫,飞马奔往晋国。蒙在鼓内的卫灵公以为儿子背叛自己,便于次日差人请孔子进宫,请教处置之策。

灵公满面愁容,问:"昨夜,太子行刺南后未遂,已逃至晋国,气煞寡人了!对此,请教夫子,该当如何?"

对于卫宫发生太子刺杀南子事件,孔子并不感到意外。但对于卫国第一家庭如此重大的家务事,孔子还是慎之又慎。他静思了一会儿,入情入理地说:"事已至此,以冷下来为好,何必借此惩处太子呢?因为太子不会再回来危及南后了,他们完全可以都太平无事地生活下去。因此,此事宜息事宁人,不了了之,切勿扩大。这样处理,父子之情,夫妻之情得以兼顾,对卫国,对父子、对夫妻亦不会再生新的不利。"

灵公仔细品味孔子的中庸之言，感到很有道理，让局外人断君侯的家务事，不是强人所难吗？于是，笑着说："谢夫子助寡人明晰理顺了这件事……"

故事

急躁的税务主任

麦金莱做美国总统时，特派某人为税务主任，但为许多政客所反对，他们派遣代表进谒总统，要求总统说出派那个人为税务主任的理由。为首的是国会议员，身材矮小，脾气暴躁，说话粗声恶气，开口就给总统一顿难堪的讥骂，如果当时总统换成别人，也许早已气得暴跳如雷，但是麦金莱却视若无睹，不吭一声，任凭他骂得声嘶力竭，然后才用极温和的口气说："你现在怒气应该可以平和了吧？照理你是没有权利这样责骂我的，但是，现在我仍愿详细解释给你听。"

这几句话把那位议员说得羞惭万分，但是总统不等他道歉，便和颜悦色地说："其实我也不能怪你。因为我想任何不明究竟的人，都会大怒若狂。"接着他把任命理由解释清楚了。

不等麦金莱总统解释完，那位议员已被他的大度折服了。他私下懊悔刚才不该用这样恶劣的态度责备一位和善的总统。他满脑子都在想自己的错了，因此，当他回去报告咨询的经过时，他只摇摇头说："我记不清总统的全盘解释，但只有一点可以报告，那就是——总统并没有错。"

不知礼，无以立

原文

孔子曰："不知命，无以为君子也。不知礼，无以立也。不知言，无以知人也。"

——《论语·尧曰》

译文

孔子说："不知天命，就无法成为君子。不懂礼仪，就无法立足社会。不懂得明辨他人的言论是非，就无法去了解别人。"

做人哲学

孔子率弟子周游列国的路上，有一天，孔子的一匹马脱缰跑到田里啃庄稼。

那块田地的主人上前抓住缰绳，怒气冲冲地把马牵走拴上，扣了起来。子贡着急地说："我去向那农夫索回马儿。"孔子没做声，听任弟子子贡前往。子贡见到那农夫便说："我们正随老师孔子周游列国，旨在宣传周公之道，事关重大，亟待赶路，快归还我们的马吧！"那农民翻了翻眼，看了看儒生的打扮，似乎没听懂他的话，不予置理。子贡碰了一鼻子灰回来，孔子感叹："用别人理解不了的话去说服别人，有什么用呢？"在弟子们都受到了教育之后，孔子方派养马人向那农民索马。

马夫找到那位农夫，十分客气地拉起家常来："老兄，你农耕的地从东海直到西海，我们的马没拴好，这是我们的错。咱兄弟有缘相见。既然碰在一起了，我养的马吃你几口禾苗儿，也是难免的吗？哈哈哈，这就麻烦老兄多照应了。"农夫看着这位和自己穿戴一样的马夫，感到马夫亲切、实在，说得在理，便一边解马，一边笑着说："老兄，快牵走你的马，赶路去吧。"

故事

谁的过错

沃道夫是一家超级市场的收款员。有一天，他与一位中年妇女发生了争执。

"小伙子，我已将50美元交给您了。"中年妇女说。

"尊敬的女士，"沃道夫说，"我并没收到您给的50美元呀！"

中年妇女有点生气了。沃道夫及时地说："我们超市有自动监视设备，我们一起去看看现场录像吧，这样，谁是谁非就很清楚了。"

中年妇女跟着他去了。录像表明：当中年妇女把50美元放到一张桌子上时，前面的一位顾客顺手牵羊给拿走了。而这一情况，中年妇女、沃道夫，还有超市保安人员都没注意到。沃道夫说："女士，我们很同情您的遭遇。但按照法律规定，钱交到收款员手上时，我们才承担责任。现在，请您付款吧。"

中年妇女说话的声音有点颤抖："你们管理有欠缺，让我受到了屈辱，我不会再到这个让我倒霉的超市来了！"说完，她气冲冲地走了。超市总经理吉拉德在获悉这一事件后，当即做出了辞退沃道夫的决定。许多超市员工和部门经理都为沃道夫大鸣不平，但吉拉德的意志很坚决。

沃道夫很委屈。吉拉德找他谈话："我知道你心里很不好受。我想请你回答一个问题——那位妇女做出此举是故意的吗？她是不是个无赖？"

沃道夫说："不是。"

吉拉德说："被我们超市人员当作一个无赖请到保安监视室里看录像，是不是让她的自尊心受到了伤害？还有，她内心不快，会不会向她的家人、朋友诉说？她的亲人、好友听到她的诉说后，会不会对我们超市也产生反感心理？"

面对一系列提问，沃道夫都一再说"是"。

吉拉德说："那位中年妇女会不会再来我们超市购买商品？像我们这样的超市在纽约有很多，凡是知道那位中年妇女遭遇的，她的亲人会不会再来我们超市购买商品？"

沃道夫说："不会。"

"问题就在这里，"吉拉德递给沃道夫一个计算器，然后说，"据专家测算，每位顾客的身后大约有250名亲朋好友，而这些人又有同样多的各种关系。商家得罪一名顾客，将会失去几十名、数百名甚至更多的潜在顾客；而善待每一位顾客，则会产生同样大的正效应。假设一个人每周到商店里购买20美元的商品，那么，气走一个顾客，这个商店在一年之中会有多少损失呢？"几分钟后，沃道夫就计算出了答案，他说："这个商店会失去几十万甚至上百万美元的生意。"

吉拉德说："这可不是个小数字。虽然只是理论测算，与实际运作有点出入，但任何一个高明的商家都不能不考虑这个问题。那位中年妇女被我们气走了，至今我们还不知道她姓甚名谁、家住哪里，因此无法向她赔礼道歉，挽回这一损失。为了教育超市营业人员善待每一位顾客，所以我做出了辞退你的决定。请你不要以为我的这一决定是在小题大做。"

沃道夫说："我不会这么认为，您的这一决定是对的。通过与您谈话，使我明白了您为什么要辞退我，我会拥护您的决定。可是我还有一个疑问，就是遇到这样的事件，我应该怎么去处理？"

吉拉德说："很简单，你只要改变一下说话方式就可以。你可以这样说：尊敬的女士，我忘了把您交给我的钱放到哪里去了，我们一起去看一下录像好吗？你把'过错'揽到你的身上，就不会伤害她的自尊心。在弄清楚事实真相后，你还应该安慰她、帮助她。要知道，我们是依赖顾客生存的商店，不是明辨是非的法庭呀！怎样与顾客打交道，是我们最重要的课题！"

做好事不言功

原文

子曰："孟之反不伐，奔而殿，将入门，策其马，曰：'非敢后也，马不进也。'"

——《论语·雍也》

译文

孔子说："孟之反从不夸耀自己。败退时，他留在最后掩护全军；进入城门时，他鞭打着自己的战马，说'不是我敢于殿后，是我的马不肯快跑啊'。"

做人哲学

孔子52岁至55岁（即鲁定公十年至十三年），任鲁国大司寇，历时三年。在这三年中，每年"俸米六万"——即年薪俸米六万斗。

孔子任大司寇期间，政务繁忙，白天抽不出时间讲学，只好利用晚上给学生讲课。尽管如此，新投孔门弟子络绎不绝，减去学成之后的从政、从业者，在校弟子总数仍呈上升趋势。

为了进一步办好教育，其间，孔子一次从薪俸中拿出相当一部分，在杏坛附近新建了一个大教室，配备了一些教学设备，还资助几十名求学困难的学生。平时，亦随时扶贫解困……

漆雕开说："老师待我们胜过慈父，又建新学堂，又为贫困学生赠银送粮！"

冉雍说："咱们的老师慷慨解囊，助学兴教，可谓德配天地！"

一天晚饭后，子木将漆雕开、冉雍的赞语转告老师，孔子如坐针毡。当晚，在给学生讲学之前，首先解释此事。

孔子说："新建学堂及资助贫困学生所用的银、粮全是国君恩赐的，咱们应共同感谢主公。在这件事上，我不过是受主公委托，代办而已。"

事后，闵损对同学们说："咱们的老师是个多做好事不言功的人。

他老人家总是把功劳归于国君，让弟子们感谢国君恩德，而不准弟子们感谢自己。他老人家真是一心为国啊！"

故事

我会拔火罐

学者利维不仅知识渊博，还能拉一手好提琴。

一天，利维得了一场大病，痊愈后，大夫劝他搬到一个空气新鲜气候温暖的地方。最后，夫妻俩决定到一个偏僻的山村小镇生活，那里大多是没有文化的普通人。

落脚后，人们问利维："你是做什么的？"

"我会拔火罐。"利维答道。

客人走后，妻子疑惑不解地问他："我真不明白，你有着渊博的学识，竟然说自己是一个拔火罐的，这样做能给你带来什么好处呢？"

利维对此解释说："据我了解，这个小镇的人大多文化不高，不知道知识的价值。我要是说我是学者，不仅赢不了尊重，他们还会排斥我。而作为一个拔火罐的人，对他们来说非常重要！我保证，他们将非常尊重我。"

公司并不需要一个全才，而是需要专才，也许你确实是个多面手，但是公司真正在乎的是你的专业知识发挥的如何。

敏则有功

原文

周文王曰:"宽则得众,信则民任焉,敏则有功,公则悦。"

——《论语·尧曰》

译文

孔子记载:周文王说:"(尧)由于宽厚从而得到众人的拥护,由于讲信义从而使人民乐于为其所使用,由于赏罚严明从而使人乐于建立功勋,由于公正从而使人心欢悦。"

做人哲学

鲁国有一条法规:如果谁把在其他诸侯国当男女奴婢的鲁国人赎出来,官府就会按规定发给一定报酬。孔子的学生子贡从其他诸侯国赎回了一个鲁国人,官府发给他酬金时,他却不要。对此,孔子说:"我赞成奖善。你这种做法是不对的!国家设酬金是为了奖励赎人,你赎回了人,领取酬金,无损于你的德行。如果赎了人不领取酬金,今后鲁国就很难有人再愿赎人了。"

一天,孔子的学生子路遇到一个掉进水里的人,那人几乎快淹死了。他当即跳下水，将那人救上了岸。那人为了答谢救命恩人，送给子路一头牛，子路愉快地将牛收下了。对此，孔子高兴地说："从此以后，鲁国会涌现出越来越多的勇于救人的人。"

故事

留住人才

当杰克·韦尔奇25岁的时候，他已经在通用电气公司的一家研究所工作了一年，身份是化学工程师，年薪为10500美元。当发现年终又涨了1000美元的薪水时，他对此很满意。可是后来他了解到一个办公室的人居然都拿同样的薪水时，一向出类拔萃的韦尔奇心里开始不平衡。于是，他去找上司理论，可想而知，没有任何结果。心灰意冷、沮丧至极的韦尔奇决定离开研究所。

就在这时，一件改变韦尔奇一生的事情发生了，他的上级主管鲁本·加托夫来研究所检查工作。当他听说韦尔奇因不满公司的"大锅饭"工作作风而要离开的时候，他开始真心诚意地挽留这个在他印象中与众不同的小伙子。其实，加托夫与韦尔奇并不陌生，他们以前在业务会上曾碰过几次面，每次韦尔奇提出的问题和想法都大大超出加托夫的预期。因此，韦尔奇就这样在众多面孔中"脱颖而出"。

这次当听说韦尔奇要离开时，加托夫本着不让人才流失的想法，带着诚意，竭尽所能地挽留他。在晚饭的几个小时里，加托夫一直在诚心诚意地挽留，表明他非常信任韦尔奇的才华和能力，并且发誓要改革研究所某些部门的官僚作风，保证绝对不让这种作风对韦尔奇的工作有丝毫的影响。为了能够让去意已决的韦尔奇改变主意，在夜里 1 点钟，加托夫又在高速公路旁的投币电话亭里继续游说……

精诚所至，金石为开。诚实和信任感动了这位小伙子，在欢送会即将举行之前，韦尔奇决定留下来，从此再也没有离开过。

小不忍，则乱大谋

原文

子曰："巧言乱德，小不忍，则乱大谋。"

——《论语·为政》

译文

孔子说："一味奉承，搬弄是非的言语可以败坏人的德行。小事不忍让，就会干扰大的图谋。"

做人哲学

一年冬季的一天，南宫敬叔路过一个青菜集市，看到两个青菜摊位前围满了人看热闹。只见一个卖青菜的年轻人和邻摊位的老年人激烈争吵起来。

那青年人大声吵嚷道："我家虽穷，我也跟孔夫子上过半年学，我也是孔门弟子。我老师现任大司寇，他曾教育我们说：'己所不欲，物赐予人。'意思是自己不要的东西，不要白白扔掉，应送给别人。我卖白菜，将脱下来的白菜帮子送给你，散了集，你不是可以挑回去喂猪吗？我本来是好意，你怎么说我占你的摊位，耽误你卖菜呢？"

那老者反唇相讥："在这个青菜集市上，谁不知你刘二是个强词夺理，损人利己的人！你自称孔门弟子，不过是拉大旗作虎皮罢了。你跟孔子上了半年学，还不是当了半年学混子，你连妇孺皆知的孔子名言都说翻了。不知'丢人'几个钱一斤！孔子说：'己所不欲，勿施予人。'意思是说，'自己不愿意的事情，也不要强加予人。'你把自己的烂白菜帮子堆在我的摊位上，难道不影响我卖菜吗？"

南宫敬叔上前打抱不平，对刘二说："老伯说得对，夫子的话是'己所不欲，勿施于人。'不是'己所不欲，物赐予人。'你不但说错了，而且也做错了！"

刘二气得脸红脖子粗，满有把握地对南宫敬叔说："要是我把孔子的话记错了，你可剁掉我的右手。要是我没记错呢？"

南宫敬叔说："要是你没把孔子的这句话说错，我输给你头上戴的金冠！"

"这个赌非打不可，一言为定，谁输了之后反悔，不是娘养的！"刘二赌完咒，又与南宫敬叔拉钩。

南宫敬叔当即从衣袋中掏出一块白绢说："你去到街对面那大户人家，请人把咱俩打赌的事写在上面，咱俩都盖上手印，再从围观的人中找个证人，拿着咱打赌的字据，一块前往，请孔子裁决！

刘二说："好，好！就这么办！"说完，请人写好打赌的字据，双方盖了手印，并当场找一人当证人，拿着这块白绢。三人一同去大司寇府。

在大司寇府的歇息室里，刘二抢先把情况述说一遍，并让证人将那块写有打赌字据的白绢递给孔子，请夫子裁决。

孔子看过白绢上的字据，严肃地说："刘二说得对，是'己所不欲，物赐予人。'仲孙闻输了，快摘下金冠给刘二吧！"

南宫敬叔看了老师一眼，极不情愿地摘下金冠，交给了刘二。

孔子以目示意南宫敬叔暂时回避。南宫敬叔疑惑不解地退出歇息室。

孔子当面指出刘二说错，做错了，并教育他如何做人。刘二亦认了错，给老师叩了一个头，并说不要这顶金冠。

孔子说："刘二，你可用这顶金冠换些粮食，养家糊口，今后不能做损人利己之事！"

刘二连连点头称是，谢过孔子后，退去。

南宫敬叔回到歇息室，问老师："今天，您老怎么这样处理问题？为何不教训刘二？"

孔子笑着说："你们两个为此事在众目睽睽之下打赌，既有证词，又有证人。我若判刘二输了，他被剁掉右手，就残废了。刘二只跟我读书半年辍学了，就是因为家里穷。他如果成了残废，怎么养活全家人？我判你输了，你也不过失掉一顶金冠。我看，丢冠保手，值得！南宫敬叔呀，在这件事上，你应想想，何为大德大义？何为小是小非？"

南宫敬叔用右手中指点着自己的脑袋说："该死，该死，弟子明白了！原来如此呀！老师处理此事，重大德大义，轻小是小非，学生受教诲颇深。"

刘二回到摊位，将孔子教育自己的做法向老者述说一遍，检讨说："老伯，我说错了，更做错了！"当即将打赌"赢得"的金冠作为致歉礼，送给了老伯。

据朱熹《论语章句集注》："小不忍，如妇人之仁、匹夫之勇皆是。"又说："妇人之仁，不能忍于爱；匹夫之勇，不能忍于忿，皆能乱大谋.'（《朱子语类》）近人杨树达又分不忍有三义："不忍忿"，"慈仁不忍，不能以义割恩"，"吝财不忍弃"（轮语疏证）。

孔子的这两句话很明白清楚，就是说个人的修养。巧言的内涵，也可以说包括了吹牛，喜欢说大话，乱恭维，说空话。巧言是很好听的，使人听得进去，听的人中了毒、上了圈套还不知道，这种巧言最会搅乱正规的道德。"小不忍，则乱大谋"有两层含义，一个是人要忍耐，凡事要忍让一点、包容一点，如果一点小事不能容忍，脾气一来，就可能坏了大事。许多大事失败，常常都由于小地方的失误。另一个意思是，做事要有忍劲，狠得下来，有决断，有时候碰到一件事情，需要马上决断，果断才能成事，否则不当机立断，以后就会很麻烦，姑息养奸，也是小不忍。

综上所述，君子为了成就一件有意义的事，首先得学会"忍"字当头，在该忍的事情上要懂得忍耐。忍耐就是抑制自己的感情和情绪，控制自己的行为。

故事

不是什么大事

主人沏好茶，把茶碗放在客人面前的茶几上，盖上盖儿。接着，主人又想起了什么，随手把暖瓶往地上一搁。他匆匆进了里屋。而且马上传出开柜门和翻东西的声音。

做客的父女俩呆在客厅里。10岁的女儿站在窗户那儿看花。父亲的手指刚刚触到茶碗的把儿——忽然，叭的一声，跟着是碎裂声。

　　地板上的暖瓶倒了。女孩也吓了一跳，猛地回过头来。事情尽管极简单，但这近乎是一个奇迹，父女俩的的确确没碰它。而主人把它放在那儿时，虽然有点摇晃，可是并没有马上就倒。

　　暖瓶的爆炸声把主人从里屋揪了出来。他的手里攥着一盒方糖，一进客厅，主人下意识地瞅着热气腾腾的地板，脱口说了声：

　　"没关系！没关系！"

　　那父亲似乎马上要做出什么表示，但他控制住了。

　　"太对不起了，"他说，"我把它碰了。"

　　"没关系。"主人又一次表示这无所谓。

　　从主人家出来，女儿问："爸，是你碰的吗？"

　　"……我离得最近。"爸爸说。

　　"可你没碰！那会儿我刚巧在瞧你玻璃上的影儿，你一动也没动。"

　　爸爸笑了，"那你说怎么办？"

　　"暖瓶是自己倒的！地板不平。李叔叔放下时就晃，晃来晃去就倒了。爸，你为啥说是你……"

　　"这，你李叔叔怎么能看见？"

　　"可以告诉他呀。"

　　"那样不好，孩子。"爸爸说，"还是说我碰的好。这样，既不会伤害你李叔叔的面子，我也不会因难于证明自己而苦恼了。毕竟一只热水瓶值不了几元钱，不是什么大事，何必那么认真呢？"

欲速则不达

原文

子夏为莒父宰，问政。

子曰："无欲速，无见小利。欲速则不达，见小利，则大事不成。"

——《论语·子路》

译文

子夏做莒父之地的长官，问怎样管理政事。

孔子说："不要想很快有成就，不要贪图小利。想速成反而达不到预期的效果，贪图小利，做不成大事。"

做人哲学

子夏很有才干，以文学著称，但他有高峰也有低谷。缺点也很明显。孔子很喜欢他，总是有针对性地指导他不断进步。

子夏做了莒父宰，向孔子请教政事。

孔子针对子夏做事图快、目光不够远大的缺点，对他如何当好莒父宰作了具体指导。

孔子说："干事不要单纯图快，不要贪求小利。欲速则不达，如果做事不从实际出发，一味求快，反而达不到预期的目的；见小利，则大事不成，贪求小利就办不成大事。"

子夏感激地说："多谢恩师及时指导！'欲速则不达'，切中了我急于求成、急功近利的毛病；'见小利，则大事不成'，切中了我目光短浅的缺点……"

故事

最短与最快的区别

有一天，一个小职员正在赶着上班，这天他的公司有一个很重要的会议，会议中的内容关乎他能否升职，所以不能迟到，无奈他的闹钟却在清晨坏掉了，最糟糕的是还有 20 分钟会议便要开始了。

小职员唯有改乘出租车，希望能来得及参加会议。

好不容易他才拦截了一辆出租车，匆匆忙忙上车后，他便对司机说："司机师傅，我想赶时间，拜托你走最短的路！"

司机问道："先生，是走最短的路，还是走最快的路？"

小职员好奇地问："最短的路不是最快的吗？"

"当然不是，现在是繁忙时间，最短的路都会交通堵塞。你要是赶时间的话便得绕道走，虽然多走一点路，却是最快的方法。"

听见了司机的话，小职员最后还是选择了走最快的路。途中他看见不远处有一条街道交通堵塞得水泄不通，司机解释说那条正是最短的路。司机所言不差，多走一点路果然畅通无阻，虽然路程较远，多花了点时间，却很快便到达目的地。

小职员最终赶上了会议，还升职当了部门主任。

第五章　交际哲学

不可则止，毋自辱焉

原文

子贡问友。

子曰："忠告而善道之，不可则止，毋自辱焉。"

——《论语·颜渊》

译文

子贡问对待朋友的方法。

孔子说："忠心地劝告他，好好地引导他，他不听从，也就罢了，不要自找侮辱。"

做人哲学

一天，孔子给学生讲"交友"这个专题时，要求弟子们结合处理人际关系的实际谈体会。

子贡说："我与同学们、与社会上的人交朋友是很负责的。我欢迎对方尖锐指出我的缺点、错误，我对对方也能这样做。我对别人的优点、缺点、错误，能看得比较清楚，见微知著，一针见血地指出来，真心实意地帮助别人。但是，事与愿违，适得其反，别人并不乐于与我交谈，更没有至交。我感到，自己在处理人际关系方面遇到了困扰，请老师赐教。"

孔子说："交友，处理好人际关系，的确是一门学问。你的脑子好用，看问题尖锐，看别人的毛病比较准确，指出别人的缺点、错误不留情面。你的愿望是真心实意地帮助别人。这些并没有错。但为什么效果不好？你对人的心理考虑得不周到，人人都有自尊心。指出别人的缺点或错误，应循循善诱，和风细雨，不必居高临下，暴风骤雨。况且，你还是个学生呢？要设身处地，耐心平等地与人交谈，才利于对方接受，才利于交知心朋友。最后，我送你两句话，'水至清则无鱼，人至察则无徒'。一定要记住：至察无徒！"

子贡恍悟，心悦地说："老师的话，指出了我在交友方面的毛病，也明确了交友注意事项。的确：水清到极点（水中无鱼食）就存不住鱼；对于别人的缺点观察得过细（过于苛求和严厉）就没有朋友了！"

孔子又说："对，你的悟性不错！'水至清则无鱼，人至察则无徒'，不仅适用于交友，还适应于从政。对有不轨行为的臣民，应引导他改邪归正；对有小过的臣民，宜赦免之，促其变好；对有一定罪过的臣民，则施以教化，尽力转变之，实在不转变的，再动刑罚。这样做，使君臣之间、臣民之间亲密无间，同心同德，这不是以仁德治国的良策吗？"

弟子们同声一语："'至察无徒'，这句话太重要了！"

故事

旅馆里的老鼠

因为油漆住屋，戴维到附近一家很清静的小旅馆去避居几日。他带的行李只是一个装着两双袜子的雪茄烟盒，另有一份旧报纸包着一瓶酒，以备不时之需。

午夜左右，戴维忽然听到浴室中有一种奇怪的声音。过了一会儿，出来了一只小老鼠，它跳上镜台、嗅嗅他带来的那些东西。然后又跳下地，在地板上做了些怪异的老鼠体操，后来它又跑回浴室，放出一串响声，不知忙些什么，终夜不停。

第二天早晨，戴维对打扫房间的女服务员说："这间房里有老鼠，胆子很大，吵了我一夜。"

女服务员说："这旅馆里没有老鼠。这是头等旅馆，而且所有的房间都刚刚油漆过。"

戴维下楼时对电梯司机说："你们的女服务员倒真忠心。我告诉她说昨天晚上有只老鼠吵了我一夜。她说那是我的幻觉。"

电梯司机说："她说得对。这里绝对没有老鼠！"

戴维的话一定被他们传开了。柜台服务员和门卫在戴维走过时都用怪异的眼光看他。此人只带两双袜子和一瓶酒住旅馆，偏又在绝对不会有老鼠的旅馆里看见了老鼠！

无疑，戴维的行为替他博得了近乎荒诞的评语，那种娇惯任性的孩子或是孤傲固执的老人病夫所常得到的评语。

第二天晚上，那只小老鼠又出来了，照旧跳来跳去，活动一番。戴维决定采取行动。

第三天早晨，戴维到店里买了只老鼠笼和一小包咸肉，他把这两件东西包好，偷偷带进旅馆，不让当时值班的员工看见。第二天早上他起身时，看到老鼠在笼里，既是活的，又没有受伤。戴维不预备对任何人说什么。只打算把它连笼子提到楼下，放在柜台上，证明自己不是无中生有地瞎说。

但是在准备走出房门时，他忽然想到："慢着！我这样做，岂不是太无聊，而且很讨厌？是的！我所要做的是爽爽快快证明在这个所谓绝对没有老鼠的旅馆里确实有只老鼠，从而一举消灭它。我以雪茄烟盒装两双袜子，外带一瓶酒（现在只剩空瓶了）来住旅馆而博得怪人畸行的光彩。我这样做，是自贬身价，使我成为一个不惜以任何手段证明我没有错的器量，狭窄、迂腐无聊的人……"

想到这，戴维赶快轻轻走回房间，把老鼠放出，让它从窗外宽阔的窗台跑到邻居的屋顶上去。

半小时后，他下楼退掉房间，离开旅馆。出门时把空老鼠笼递给侍者，厅中的人都向戴维微笑点头，看着他推门而去。

以文会友

原文

曾子曰："君子以文会友，以友辅仁。"

——《论语·颜渊》

译文

曾子说："君子以讲习诗书礼乐文章学问来聚会结交朋友，依靠朋友互相帮助来培养仁德。"

做人哲学

有一次，孔子约子贡、曾参交谈。

子贡向老师请教交友的道理。

孔子说："朋友有不对的地方，要诚心诚意地劝告他，引导他向善。如果他不听劝导也就算了，不要自取其辱。"

"交朋友应适可而止！"孔子讲过交友的原则之后，问曾参："你在交友方面有何见解？"

曾参道："君子以文会友，以友辅仁。"

"你的想法很好！我历来主张以文会友！"孔子激动地说，"以礼乐诗书文章的讲习来聚会朋友，大家志同道合，欢聚一堂，探讨周礼，切磋学问，彼此辅助，向仁德境界发展。并且，庄重温文，弦歌雅颂，其乐融融，健身益智，增进友谊。以文会友，实在是美好的盛事！"

故事

飞人的感动

若干年前的一场 NBA 决赛中，NBA 中的另一位新秀皮彭独得 33

分超过乔丹3分，而成为公牛队比赛得分首次超过乔丹的球员。比赛结束后，乔丹与皮彭紧紧拥抱着，两人泪光闪闪。这里有一个乔丹和皮彭之间鲜为人知的故事。当年乔丹在公牛队时，皮彭是公牛队最有希望超越乔丹的新秀，他时常流露出一种对乔丹不屑一顾的神情，还经常说乔丹某方面不如自己，自己一定会把乔丹推倒一类的话。

但乔丹没有把皮彭当做潜在的威胁而排挤他，反而对皮彭处处加以鼓励。有一次乔丹对皮彭说："我俩的三分球谁投得好？"

皮彭有点心不在焉地回答："你明知故问什么，当然是你。"因为那时乔丹的三分球成功率是286%，而皮彭是264%。

但乔丹微笑着纠正："不，是你！你投三分球的动作规范、自然，很有天赋，以后一定会投得更好，而我投三分球还有很多弱点。"并且还对他说："我扣篮多用右手，习惯地用左手帮一下，而你，左右都行。"这一细节连皮彭自己都不知道。他深深地为乔丹的无私所感动。从那以后，皮彭和乔丹成了最好的朋友，皮彭也成了公牛队17场比赛得分首次超过乔丹的球员。而乔丹这种无私的品质则为公牛队注入了难以击破的凝聚力，从而使公牛队创造了一个又一个的神话。

四海之内，皆兄弟

原文

死生有命，富贵在天。君子敬而无失，与人恭而有礼。四海之内，皆兄弟也。君子何患乎无兄弟也？

——《论语·颜渊》

译文

死生听凭命运，富贵由上天决定。君子只要做事严肃认真，待人谦恭有礼就可以了。那么，四海之内的人都是兄弟了——君子又何愁没有兄弟呢？

做人哲学

孔子在宋国的时候，因为言辞上得罪了在宋国掌权的司马桓魋，所以就离开了宋国。

孔子的弟子司马牛是司马桓魋的弟弟，因为看不惯哥哥的行为，所以也追随孔子学习礼仪。

一天，司马牛问孔子怎样实践仁德。

孔子说："做仁德之人，就不要轻易说话。"

司马牛说："不轻易说话，这就叫做仁了吗？"

孔子说："做起来很困难，说是不能随便说的。"

后来，桓魋在宋国发动叛乱，消息传来，司马牛又是害怕又是担心。他向孔子请教怎样做君子。

孔子对他说："君子不忧愁，不害怕。"

司马牛不懂这话的意思。问道："不忧愁，不害怕，就叫做君子了吗？"

孔子说："君子经常反省自己，所以内心毫无愧疚，还有什么可忧愁、可害怕的呢?"

时隔不久,桓魋叛乱失败,被迫逃往齐国。司马牛感到自己有如此不懂仁义的哥哥,心里十分痛苦,终日闷闷不乐、郁郁寡欢。

一次,司马牛和他的同学子夏闲聊,子夏就问他为何终日苦恼。他忧愁地说:"人家都有兄弟,多快乐呀,唯独我没有。"

子夏听了安慰他说:"我听说过:'一个人死与生要听从命运的安排,富贵则是由天来安排的。'君子对工作谨慎认真,不出差错,和人交往态度恭谨而合乎礼节,那么普天之下到处都是兄弟,君子何必担忧没有兄弟呢?"

司马牛听了子夏的劝解之后,于是和同学如兄弟般相处,不断增强自己的修养和学问,而不再为此忧愁。

故事

好朋友

"怎么了,鲍勃?"他妈妈问,"你为什么那么不高兴?"

"没人跟我玩。"鲍勃说,"我真希望我们还是住在盐湖城没有搬来。我在那儿有朋友。"

"在这儿,你很快会交上朋友的。"他妈妈说,"等着瞧吧!"

就在这时,响起了轻轻的敲门声。米勒太太打开门。

门口站着一位红发妇女。

"你好,"她说,"我是凯里太太,住在隔壁。"

"进来吧,"米勒太太说,"我和鲍勃都很高兴你来。"

"我来借两个鸡蛋,"凯里太太说,"我想烤个蛋糕。"

"我可以借给你,"米勒太太说,"别着急,请坐一坐,我们喝点咖啡，说会儿话吧。"

那天下午，又有人敲门。米勒太太打开门。

门外站着一个满头红发的男孩。

"我叫汤姆·凯里。"他说，"我妈妈送你这个蛋糕，还有这两个鸡蛋。"

"哎呀，谢谢，汤姆。"米勒太太说，"进来吧，和鲍勃认识认识。"

汤姆和鲍勃差不多一样的年龄，不一会儿，他们吃起了蛋糕，喝着牛奶。

鲍勃问："你能待在这儿跟我玩吗？"

汤姆说："可以，我能待一个小时。"

"那么，我们打球吧。"鲍勃说，"我的狗也想跟着一起玩。"

汤姆发现跟小狗一起玩很有意思。他自己没有狗。

"我很高兴你住在隔壁。"鲍勃说，"现在有人跟我玩了。"

"妈妈说我们很快会成为好朋友的。"汤姆回答说。

鲍勃说："我很高兴你妈妈需要两个鸡蛋。"

汤姆笑了。

"她并不是真的需要鸡蛋，"汤姆说，"她只是想跟你妈妈交朋友！"

敏于事而慎于言

原文

子曰："君子食无求饱，居无求安，敏于事而慎于言，就有道而正焉，可谓好学也已。"

——《论语·学而》

译文

孔子说："君子不追求吃得好，住得妄逸舒服；做事勤快，说活谨慎，接近有道德的人，纠正自己的错误，这样，就可以说是好学的了。"

做人哲学

孔子周游列国，来到周王朝所在，参观周朝的祖庙，看见祖庙的右边台阶前有一尊铜人。

铜人的口部被封了三层，背后面有铭文写道："这是古代一位慎于言语的人。小心啊！小心啊！不要多说话，说多了话，必然有闪失；不要多事，多事必然有灾祸。平安快乐的时候一定要小心，不要做使自己后悔的事情。不要以为没有妨碍，祸患将随之增长；不要以为没有危险，祸害将随之增大；不要以为没有危害，祸害将随之到来。不要以为没有人知道，天灾正在那里等待着对你的惩罚。小的火苗不扑灭，烈焰冲天便无可奈何；小的水流不堵塞，奔流成河便一筹莫展。长长的细线不截断，就将织成罗网，茂盛的树苗不砍除，就将变成巨木。如果出言不慎，就会埋下祸根。强横的人不会正常死亡，好胜的人一定会遇到敌手，盗贼怨恨主人，民众憎恶权贵。君子知道天下不可以一手遮盖，所以就对人退让一点，谦卑一点，使人亲慕自己。持一种谦卑退让的态度，就不会有人能与自己争衡。人们趋向那边，我独坚守此处，众人心智迷乱，我独思想坚定。把智慧深藏心底，不与人争技艺之短长。这样做，即使我地位高贵，也不会受到危害。江河之所以成为江河，是因为它卑下。上天没有特别厚爱的人，但是他一定佑助善者。小心啊！小心啊！"

看完以后，孔子回头对弟子们说："记住这铭文。这些话虽然鄙俗，但是切中了事情的要害。俗话说：'格外小心和谨慎，就如同身临深渊边缘，如同脚踩薄冰一样。'如果能够照这样立身处世，怎么会因为嘴巴而遭到灾祸呢！"

故事

做行动的巨人

几个求职者同时去应聘销售经理的位置，招聘官让每个人谈谈自己的社会关系。销售就是与人打交道，如果有良好的人际关系网络，工作自然容易开展得多。几个求职者侃侃而谈。

甲不无得意地说：本人已在这个行业干了八年，关系广泛、网络深厚，朋友遍天下，只要自己一发话，没有办不成的事。

乙说：我的口才十分了得，可以将死马说成活马，把活马咒成死马。因为口才一流，多次应邀出席某某论坛活动，即兴演讲大受欢迎，某某名人对我评价甚高，曾一起合影留念，如果不信，可以查阅本人简历附件里面的复印件。

丙不屑地接过话头说：其他也不用多说，就挑主要的说几个吧，某某大领导是本人姑姑的妹夫的小舅子，某某知名人士是本人二姨妈的远方亲戚的堂兄，资格够高了吧。说完洋洋得意地看着其他面试者。

其他人都介绍完了，还剩下一个小个子求职者没说话，招聘官不动声色地看着他。小个子男子望着招聘官，平静地说：看来我真应该感到惭愧，本人既没有做高官的亲戚朋友，也没有能吐莲花的口才，而且本人从事销售工作时间也不是很长，仅仅两年时间……

两年的工作经历是应聘的基本条件，其他所有求职者都好奇地看着这小个子男人，心想，既然这样，还来凑什么热闹，岂不是浪费时间？

这时，小个子男人从随身携带的文件袋里掏出一叠资料，双手递给招聘官，认真地说：不过我确实对这份工作充满兴趣和信心，这叠资料里有两样东西，一份是在下对新工作的设想和计划方案，另一份是我在原公司的业绩报告，不是最好的，不过在所有销售人员中也能排在前五名吧。

招聘官翻阅了资料，脸上立刻大放异彩。原来小个子男人以前供职的公司在业界赫赫有名，里面的业务骨干是所有同行挖墙脚的首选。现在送上门来，焉有不用之理！而其他几个面试者，口才确实不错，吹牛皮也有一套，只是缺乏有说服力的硬件，公司不可能冒险录用。对于求职者而言，充满自信是必不可少的条件，可是如果一个人"自信"过了头，还在当士兵的时候就开始指点将军们该如何打仗的话，他的结果必将是惨遭失败。

君子周急不继富

原文

子华使于齐，冉子为其母请粟。

子曰："与之釜。"

请益。

曰："与之庾。"

冉子与之粟五秉。

子曰："赤之适齐也，乘肥马，衣轻裘。吾闻之也：君子周急不继富。"

——《论语·雍也》

译文

公西赤被派到齐国去作使者，冉有替他母亲向孔子请求小米。

孔子说："给他六斗四升。"

冉有请求增加些。

孔子说："再给他二斗四升。"

冉有却给了他八十石。

孔子说："公西赤到齐国去，坐着由肥马拉的车辆，穿着又轻又暖的皮袍。我只听说过：君子只周济急于救助的穷人，而不去给富人富上再添财物。"

做人哲学

子华名公西赤，是孔子的弟子。有一次公西赤被鲁国派出去做大使，这时孔子大概在当政。冉有是公西赤的同学，他因为公西赤还有母亲在家，于是就代公西赤的母亲请求拨一笔安家费。孔子说，好，给他六斗四升。冉有替公西赤说话，说六斗四升太少了，请求再多给点儿。于是孔子说，那好吧，再加给他加二斗四升。

冉有没有听孔子的意见，另外又给多加了八十石。

事后，孔子知道了，并没有直接责怪冉有"越权"，也没有追究，而是始终站在教育的立场上说："你要知道，公西赤这次出使到齐国去，神气得很，坐的是第一流的交通工具，穿的是第一流的行装。他有这么多置装费，额外津贴尽可以拿出一部分来给他母亲。我们帮助别人，要在人家急难的时候伸出援助之手。公西赤已经拥有很多东西了，你再给他那么多，不成了锦上添花吗？这是不必要的。

故事

助人的原则

一个有钱人对爱因斯坦抱怨："谁都不喜欢我，他们说我太自私小气。可是我的遗嘱上已经写好，要把我所有的财产捐给一家慈善机构了。"

爱因斯坦说："也许有个牛和猪的故事可以给你一点启示。有一头猪到牛那里，对牛抱怨："别人总是说你很友善，这点倒也没错，因为你给他们牛奶。可是他们从我身上带走的东西更多啊，他们得到的香肠、火腿、肉不都是我的吗？连我的猪蹄子都拿去炖了！可是，谁都不喜欢我，对人来说，我就是一只让人讨厌的猪！怎么会这样呢？牛想了一会儿说：'可能是因为我在活的时候就给他们了。'"

爱因斯坦说这个寓言的用意很清楚，给予要雪中送炭，而不是锦上添花。真诚地给予，才会回收真诚的感情。当别人有困难的时候伸出援助之手。要有与他人同甘共苦，心里装着他人冷暖的情感。富有同情心和怜悯心，做扶危解困的"及时雨"。

君子为义之上

原文

颜回问于孔子曰："小人之言有同乎？君子者不可不察也。"

孔子曰："君子以行言，小人以舌言。故君子为义之上，相疾也，退而相爱……小人于为乱之上，相爱也，退而相恶。"

————《孔子家语·子路初见》

译文

颜回向他的老师孔子问道："小人们说的话有共同之处吗？君子是不是能注意的啊。"

孔子回答道："君子让自己的行动说话，小人只说空话而不见行动。所以，君子之间的关系是建立在道义之上，为了真理能争论得面红耳赤，但过后谁也不嫉恨，而是彼此相爱；小人之间的关系是建立在乱来的基础上，表面上相亲相爱，过后则相互在心中嫉恨。"

做人哲学

原壤是孔子的老朋友，其母病故后，孔子立即去他家里帮助入殓并吊唁祭奠。

原壤痛哭了一阵子，不知怎的，他竟上棺而立，大声叫喊："好久没唱了，今日唱一段儿！"说完，便扯起嗓子唱了两句：

棺材板木纹条条，

实在美丽好看；

棺材板刨刮平滑，

如同姑娘脸蛋！

原山一把将其弟原壤从棺材上拉下，气得七窍生烟，"啪！啪！"连打两个耳光。原壤无地自容，趴在丧棚里。家人、亲朋，邻居们也都很气愤。

孔子将原壤拉至一边，狠狠地批评说："殓葬好父母是儿女应尽的孝道！今日母亡，本应十分悲伤，而你站棺而唱，有失伦理，不仁不孝，何等荒唐！快去五体投地，痛哭亲娘！"

听到好友的批评，原壤如梦初醒："哦！乱了！我的脑子乱了！"说完，跪在母亲灵柩前，痛哭不已，悲痛欲绝。

一位帮助办理丧事的人对孔子说："你是大名鼎鼎的圣人，对这等忤逆不孝之友，如不当众宣布断绝交情，有累圣德！"

孔子道："俗话说，亲戚做出非礼之事，不可马上断绝亲情；朋友做出非礼之事，不可马上割断友谊。我对原壤这位朋友教而不弃！"

事后，人们评说："孔子对做出非礼之事的朋友教而不弃，可谓胸怀大度，宽以恕人！"

故事

宽容朋友的伤害

二战期间，一支部队在森林中与敌军相遇，激战后两名战士与部队失去了联系。这两名战士来自同一个小镇。

两人在森林中艰难跋涉，他们互相鼓励、互相安慰。十多天过去了，仍未与部队联系上。一天，他们打死了一只鹿，依靠鹿肉又艰难度过了几天，可也许是战争使动物四散奔逃或被杀光。这以后他们再也没看到过任何动物。他们仅剩下的一点鹿肉，背在年轻战士的身上。这一天，他们在森林中又一次与敌人相遇，经过再一次激战，他们巧妙地避开了敌人。

就在自以为已经安全时，只听一声枪响，走在前面的年轻战士中了一枪——幸亏伤在肩膀上！后面的士兵惶恐地跑了过来，他害怕得语无伦次，抱着战友的身体泪流不止，并赶快把自己的衬衣撕下包扎战友的伤口。

晚上未受伤的士兵一直念叨着母亲的名字，两眼直勾勾的。他们都以为他们熬不过这一关了，尽管饥饿难忍，可他们谁也没动身边的鹿肉。天知道他们是怎么过的那一夜。第二天，部队救出了他们。

事隔30年，那位受伤的战士安德森说："我知道谁开的那一枪，他就是我的战友。当时在他抱住我时，我碰到他发热的枪管。我怎么也不明白，他为什么向我开枪？但当晚我就宽容了他。我知道他想独吞我身上的鹿肉，我也知道他想为了他的母亲而活下去。此后30年，我假装根本不知道此事，也从不提及。战争太残酷了，他母亲还是没有等到他回来，我和他一起祭奠了老人家。那一天，他跪下来，请求我原谅他，我没有让他说下去。我们又做了几十年的朋友，我宽容了他。"

超然物外

原文

子曰："不患人之不己知，患不知人也。"

——《论语·学而》

译文

孔子说："不要忧虑别人不了解自己，只应忧虑自己不能了解别人。"

做人哲学

子桑户、孟子反、子琴张三人在一起议论说："哪一个能像鲁昭公知礼，在无心交往中与人交往，在无意相助中对人相助？哪一个能超越物外，飞跃无极，忘记生死，无所终穷？"

三个人你看我、我看你相互笑了笑，内心形成默契，相互做了朋友。

三个人没什么往来言语，子桑户便死了。

还没下葬，孔子听说，便叫学生子贡前去帮助操持丧事。

子贡到后，看到孟子反、子琴张两人一个在编歌曲，一个在弹琴。他们还在一起你和着我、我和着你地唱歌说："哎呀喂，子桑户唉！哎呀喂，子桑户唉！你已经回归自然了，而我们还寄迹在人间唉！"

子贡快步跑上前去问道："我想冒昧地请教二位，对着死人的尸体唱歌，这合乎礼仪吗？"两人相视而笑，不屑地说："你这种人怎么能懂得礼的真实含义呢。"

子贡回来后，把见到的情况告诉了孔子，并且说："他们都是些什么样的人呢？不看重用礼仪来修饰德行，而放浪形骸，临尸而歌，颜色不变，泰然自若。我真无法形容他们，他们究竟是些什么人呀？"

孔子说："他们都是一些摆脱礼仪束缚，逍遥于世俗之外的人；而我们却是生活在世俗中的人。世俗之外与世俗之内彼此不相干涉，而我却让你前去吊丧，我实在浅陋啊！"

故事

借雪橇

在苏格兰的南部，有 20 年没下雪了，突然有一晚下了大雪。克立赛先生很想去滑雪，可是又苦于没有雪橇。他的妻子对他说："你的朋友米立干不是有雪橇么？我相信他一定会借给你的。"

"真是好主意！"

于是，克立赛就去找他的好朋友米立干。路上很冷，他半路走进一间酒吧，去喝一杯酒。从酒吧出来的时候，他心里想："我希望米立干能把雪橇借给我，不过也许他会怕我把他的雪橇弄坏了。"

走着走着，他又想："要是他自己不用，又舍不得借给我，那他真是一个无聊的家伙。"

想着想着，他心里就有点闷，好像已经被米立干拒绝了。于是他走进了另一个酒吧，喝点酒来解闷。等他出来的时候，他就对自己说："要是那个家伙真的不肯借给我，我一辈子也不跟他讲话。"

他到了米立干的家，已经夜深了，米立干的窗子已经没了灯光。他心里气急了。拾起一块石子，把窗玻璃打得粉碎。一会儿，米立干穿着睡衣，出现在那破了的窗口上，向街上愤怒地叫喊："是谁把我的窗玻璃打碎了？"

"是我，混蛋！"克立赛举着拳头向米立干挥舞，"你留着你的雪橇吧，我要把它打个稀烂！"

解读

孔子

下

丁宥允◎著

中国出版集团
现代出版社

图书在版编目(CIP)数据

解读孔子(下) / 丁宥允编著. —北京：现代
出版社, 2014.1
　　ISBN 978-7-5143-2149-4

　　Ⅰ.①解… 　Ⅱ.①丁… 　Ⅲ.①儒家 　②《论语》–青年读物
③《论语》–少年读物 　Ⅳ.①B222.2 –49

　　中国版本图书馆 CIP 数据核字(2014)第 008565 号

作　　者	丁宥允
责任编辑	王敬一
出版发行	现代出版社
通讯地址	北京市安定门外安华里 504 号
邮政编码	100011
电　　话	010 – 64267325 64245264(传真)
网　　址	www.1980xd.com
电子邮箱	xiandai@cnpitc.com.cn
印　　刷	唐山富达印务有限公司
开　　本	710mm×1000mm 　1/16
印　　张	16
版　　次	2014 年 1 月第 1 版 　2023 年 5 月第 3 次印刷
书　　号	ISBN 978-7-5143-2149-4
定　　价	76.00 元(上下册)

目 录

第六章 立志哲学

第七章 为人哲学

第八章　从政哲学

第九章　治世哲学

第六章　立志哲学

君子固穷

原文

在陈绝粮，从者病，莫能兴。

子路愠见曰："君子亦有穷乎？"

子曰："君子固穷。小人穷，斯滥矣。"

——《论语·卫灵公》

译文

孔子在陈国断了粮，跟随他的人都饿倒了，站不起来。

子路满怀怨气来见孔子说："君子也会如此困窘吗？"

孔子说："君子在穷困中仍会坚守节操。小人一旦遭受穷困，那就无所不为了。"

做人哲学

正当孔子一行扬鞭奋蹄、车轮滚滚、刚进入陈、蔡边境之时，忽然，擂鼓呐喊，杀出一队人马，将孔子师徒包围得水泄不通。这一队没有文字标记、没有级别之分的兵士，面若冰霜，军容严整，问话不答，不攻，不杀、不放路，令人奇疑不解。

原来，孔子刚离开宛丘，陈君得知楚君欲聘请孔子的消息，为自己没重用孔子而追悔莫及。于是，他与重臣密谋，决定派兵围困，逼孔子一行自返陈国，这样做既不失陈君体面，又能得到孔子师徒这一无价的人才群。

遭困的当天夜里，孔子密派一弟子单身溜出包围，去楚国叶地求援。

被围困的第二天，原来带的粮、面便吃光了。进入第三四天，孔子师徒就地拾柴，烧点开水充饥，个个饿得面色憔悴，四肢无力。

而孔子却照样为弟子们授《诗》讲《礼》，抚琴高歌……

围困进入第五天，北面放开一个大口子，但孔子师徒就地拾柴、挖野菜煮着吃，并没重返陈国。

在这饥饿难忍的日子里，加之夜寒白天热，有五六名弟子病倒了，有几名弟子情绪波动很大，时而说些怨言。

一向直爽坦诚的子路首先提出了问题："老师，对离鲁周游以来的遭遇我想不通。卫君、陈君对我们敬而不用，郑君让我们吃'闭门羹'；更有甚者，我们连续蒙难：过匡被围，经蒲遭扣、入宋受困、陈蔡绝粮，以后不知还会遇上什么灾难。为什么我们老是贤才不得志、善良遭恶报？难道是我们欠缺仁德才能吗？老师主张的仁政德治为什么不能被各国君、相接受？难道……"

孔子耐心地做弟子们的思想工作。他说："子路讲得有点道理，但又不完全是这样。有仁德的人并不一定有好结局。古之贤人叔齐，伯夷不是饿死在首阳山上了吗？殷有三位仁人：微子因劝谏勿重赋聚财，被迫离开了殷宗室；箕子因谏纣王收敛淫乱暴虐行为而做了殷的奴隶；比干因进谏而被纣王剖心而死。……天下确实有很多博学深谋、大仁大德的君子而得不到好时运！子路啊，你们应明白，兰草的芳香不因处深山不为人知而减弱。我们应学习兰草，长君子之风。"

子路又问："如此说来，君子处境困窘时应该怎么办？君子和小人的区别是什么？"

孔子说："君子处境困窘时，仍能坚定不移，信仰不变；而小人困窘时，就会任意妄为，没有顾忌，不能把握自己。君子无忧，不惧困窘，视个人富贵安乐如浮云；而小人终日为私利忧愁。"

听了老师的话，弟子们的情绪好转，几位发牢骚的弟子脸色变红，显得内疚。闵损说："老师的话明确地告诉我们，信仰是君子的灵魂，君子能抛弃个人的一切，但不能抛弃信仰！"

子贡插言："老师，您多次身处逆境，为何始终不动摇？"

孔子答："固为我身处逆境时，亦然坚定不移地追求信仰。"

颜回说："诸侯不用我们，恶人围困我们，丝毫无损夫子学高为师、德高为范，才高匡世、能高济民的形象和品格；正因为我们的老师品德、主张高尚完美，才出现调高和寡，诸侯难容的局面。然而，这又有什么妨碍呢？不去修养崇高的志向是我们的不对，而我们有崇高的志向不被接受，只能说是君、相的过错！"

听了颜回的话，孔子似乎忘记了疲劳和饥饿，欣慰地笑着说："颜回啊！你已有较高的仁德了，你我之心是相通的。如果你是个有一定权力和财产的大夫，我愿在你手下做事，当个好管家！"

颜回吃惊地说："老师开这么大的玩笑，我可担当不起呀！"

颜回一句话把被饥饿折磨得无精打采的同学们逗笑了。有的说："仁德礼治的信仰太重要了！"有的说："老师用信仰之火再次燃亮了我们的心!"

遭困的第 5 天深夜，子贡和公良孺暗自溜出包围圈，天亮之前，买回两袋粮食，弟子们忙着打水、拾柴、煮饭，得以饱餐。

遭困的第 7 天，楚国派出的兵将车马带着许多粮食来了，那些不打旗号的围困者看到"楚"字旗一跑而光，孔子师徒得救了。

故事

顽强不息的克洛克

20 世纪初，在美国伊利诺州的奥克布洛市，一个名叫雷·克洛克的男孩儿，降临在一个普通的城镇家庭里。读到高中二年级时，因为贫穷他被迫离开了学校。后来，克洛克想在房地产方面有所作为，开始在佛罗里达推销房地产。好不容易生意打开了局面，不料第二次世界大战烽烟四起，房价急转直下，结果"竹篮打水一场空"，他破产了。回家的路上，他没有大衣，没有外套，甚至连副手套也没有，走在冰冷的大街上，想到一直伴随着自己的人生低谷、逆境和不幸，他心灰意冷。

走到家门前，望着厚厚的窗帘缝中透出的橘黄色的光，克洛克忽然泪流满面，对于一个男人来说，这一刻，责任是他活下去的惟一理由。

接下来的日子，克洛克依然努力寻找着适合自己的工作。虽然时运不济，但他并没有怨天尤人，他深信并非没有时运，而是时候未到，他执著地认为大路是为那些审时度势、自强不息的人铺就的。

半年后，克洛克遇到一个名叫普林斯的人，他发明了一种多轴奶油搅拌机。克洛克认为这种机器里蕴藏着很大商机，于是他立即与对方谈判取得机器的专售权，并辞掉工作致力于该机器的市场推销，一干就是 15 年。再后来克洛克以 270 万美元的高价向马克和狄克兄弟买下了包括名号、商标权和烹饪处方等各项专利，自己完全拥有了这一品牌。从此雷·克洛克的名字，与他一手创建的麦当劳快餐店的名字，世上无人不知。

仰之弥高，钻之弥坚

原文

颜渊喟然叹曰："仰之弥高，钻之弥坚。瞻之在前，忽焉在后。夫子循然善诱人，博我以文，约我以礼，欲罢不能。既竭吾才，如有所立卓尔。虽欲从之，末由也已。"

——《论语·子罕》

译文

颜渊感叹说："越仰望它越觉得高，越钻研它越觉得深。看看就已走到他前面，忽然又落在他身后。老师循循善诱，教给我广博的文化，用礼仪规范我们，想停下来也不可能。我竭尽了才智，他仍然高耸在我前面。我努力想跟从，却总追不上。"

做人哲学

颜回入孔门不几年，就把孔子的政治主张、思想学说掌握得差不多。孔子在人前人后又不断地夸他几句，颜回就滋生了骄傲自满的情绪，有时好在同学们中间露上一手，显显他这个大弟子的能耐。

一天，孔子闭门不出，子贡进屋送茶，见孔子面含忧思，独自叹息。子贡不敢询问，就出来告诉了颜回。

颜回让子贡给他拿把琴来，放在院子的树下，颜回一边弹琴，一边高歌。

过了一会儿，子贡走过来说："师兄，老师叫你。"

颜回进了屋，孔子问他："你为何独自弹琴欢歌呢？"

颜回反问道："老师为何独自忧伤感叹呢？"

孔子说："先说说你独乐的理由吧。"

颜回道："我过去听老师说，乐天知命故不忧，所以我乐！"

孔子叹了口气，说："我是说过这样的话，但你只知其一不知其二呀，你并没有完全领会我的意思。'乐天知命故不忧'是我过去说的话，现在我要改正过来。你只知乐天知命无忧，而不知乐天知命有大忧呀。"

颜回听了孔子的话，十分茫然。

孔子停了停，慢慢地说道："现在我告诉你吧。你们跟着我学习诗书礼乐，并不是单纯为了完善自身。我修诗书，正礼乐，是为治理天下国家，留给后人效法。如今鲁国的君臣不像君臣，父子不像父子，看来我的主张在今世今朝是不能实现了。今世今朝尚且不能实现，怎么还有可能留传给后世效法呢？"

说到这里，孔子叹了口气，低下头说："如今我才知道，诗书礼乐仁义道德这一套，对今日乱世是没有救了！"

颜回静立一旁，见孔子不再言语，自己又无话可说，只好悄悄地退了出去。回家后，他对孔子的话反复琢磨，更加用心思考，竟茶饭不思，闭门七天，以致骨瘦如柴，终于悟出了孔子思想的真谛。

从此之后，颜回变得谦虚好学，更加用心思考老师的每一句话，最终达到了"闻一知十"的境界，成为家贫好学的典范。

故事

华盛顿隐退

华盛顿被美国人尊为国父，这一方面是他在美国独立战争中建立了不朽的功勋，另一方面是他不恋权势适可而止的领导风范。华盛顿在第一届总统任期将满时就想隐退。后来，朋友们都劝他留任，他们说：只要华盛顿继续领导美国，"南北双方将团结一致"。1792年，华盛顿在总统选举中再度当选。

在华盛顿第二届总统任期期满后，他又执意隐退，不再参加总统竞选。尽管当时美国朝野绝大多数人要求他再次竞选连任，但他坚决拒绝接受第三次总统候选人的提名。这里面的原因是复杂的。但主要的是他希望将国家的权力交给新一代领导者手中，而华盛顿自己也想告老还乡，回家安度晚年。

1796年9月，华盛顿向全体美国人发表了著名的《告别词》。这篇《告别词》反映了华盛顿的主要政策思想和政治主张。他希望美国人要珍视全国的联合，要同心同德、团结一致、放弃党派观念；在外交上要遵循"避开与外界任何部分的永久联盟"的原则，"通过人为的纽带把自己卷入欧洲政治的诡谲风雨，与欧洲进行友谊的结合或敌对的冲突，都是不明智的"。华盛顿的这些思想对他的后继者们产生过一些较大的影响。

1796年12月，美国举行第三届总统选举，约翰·亚当斯当选为总统。1797年3月3日，是华盛顿担任公职的最后一天，他举行了告别宴会。在宴会快要结束时，华盛顿举杯向大家祝福，全场的人充满了伤感的情绪。3月4日，新总统亚当斯在临时首都费城宣誓就职。

仪式结束后，华盛顿离开了办公室。当他来到大街上，向欢送他的人群致意时，人们争先恐后簇拥在他的周围，希望最后再看看这位领袖。华盛顿头上的银发在风中飘动，眼里噙着泪花，激动得说不出话来。他不停地挥动着双手，用手势表达他的感谢和祝福。

见危授命

原文

子张曰：　"士见危致命，见得思义，祭思敬，丧思哀，其可已矣。"

——《论语·子张》

译文

子张说过："士人遇到危险献出生命，遇到名利思想大义，祭祀思想恭敬，临丧思想悲哀，大概也就可以了。"

做人哲学

有一次，子路在课堂上问老师："什么样的人是有成就的人？"

孔子针对现实社会风气中存在的突出问题，提出了三条标准。郑重指出，做到其中的一条，就可以视为有成就的人了。

孔子提出的三条标准是：

"见利思义"，见到财利，首先要想想是否合乎道义；

"见危授命"，遇到危难，为正义事业勇于献身，不怕牺牲；

"久要不忘平生之言"，长时间遇到困难或与人有旧约，不忘当初的诺言。

孔子问子路："在这三条中，最重要的是哪一条？你们同学中有做到的吗？"

子路回答："在这三条中，'见危授命'这一条最重要。为了正义事业，遇到危难能够献出生命，不怕牺牲。做到这一条，可以说一个人就达到了君子的最高境界。为了正义，连个人生命都不顾及的人，自然能够做到见利思义，自然能够做到与人交往或遇到困难不忘当初的诺言。在我们同学中，亦不乏品德高尚的'见危授命'者。例如，吴军侵鲁之际，有若不畏强敌，率鲁军前往抵抗。又如，齐军兵临城下之时，冉求、有若率鲁军奋勇杀敌。这两次自卫大战都打胜了，鲁国君臣、黎民百姓纷纷赞扬有若、冉求具有'见危授命'的高尚情操！"

同学们听了子路的回答，很激动，不由自主地报以掌声。

故事

爱因斯坦的原则

20世纪50年代是麦卡锡主义在美国横行的日子，这股恶浪浊流把爱因斯坦惊醒了，他决定挺身而出，担当起一个人权斗士应有的责任。

爱因斯坦参与的最有名的案件是菲劳恩拉斯事件。菲劳恩拉斯是纽约布鲁克林詹姆斯·麦迪逊中学的英语教员，参议院国内安全委员会认为他是"恐怖分子"，要他到委员会去作证。菲劳恩拉斯根据宪法的人权条例第五条，拒绝前往作证。此举惹恼了国会。麦迪逊中学在国会的压力下，解雇了菲劳恩拉斯。菲劳恩拉斯向爱因斯坦诉说了案情，爱因斯坦经过沉思后，给他回了一封信，并授意这封信可以公开发表。

爱因斯坦在信中说："我国知识分子今天所面临的现状非常严重。反动的政治人物们利用外来的危险为借口，已经向公众灌输了对知识探索的怀疑。在初步成功的基础上，他们现在又着手要镇压教学的自由，并要剥夺那些不愿俯首帖耳的人的工作职位。对这种丑恶行径，知识分子的少数派应如何对付呢？我认为只能采取甘地式的不合作主义革命行动。凡被召至国会作证的人应当拒绝作证，他应当做好坐牢和经济破产的准备，也就是为了我国的文化福利而牺牲自己的个人福利。"

爱因斯坦这封信发表后，在社会上引起了轩然大波。有报纸评论说："如果人们都听从爱因斯坦博士的劝告，宁可坐牢而不愿出庭作证，我们的代议制政体岂不要瘫痪吗？"

爱因斯坦面对这一质疑坚决回击，他在《纽约时报》撰文说："原则上讲，保卫宪法权利是人人一样的。但知识分子的地位有点特殊，因为他们所受的特殊训练，他们对公众舆论的形成会产生特殊强烈的影响。这也就是为什么那些想误导我们接受威权政府的人特别注意知识分子并要胁迫他们的原因。在这种情况下，知识分子就特别要尽他们的重要责任。对任何违反宪法权利的图谋，我认为，拒绝合作就是我们的责任。"

看到这篇文章，原来叫嚣得狂热的反对者们也只得偃旗息鼓了。

这段故事体现了爱因斯坦崇尚理性，关心人，尊重人，反对独裁专断的民主精神；体现了他言行一致，表里如一的坦白胸怀，以及为追求真理和为人类谋福利的目标始终如一的人生态度。

有杀身以成仁

原文

子曰："志士仁人，无求生以害仁，有杀身以成仁。"

——《论语·卫灵公》

译文

孔子说："志士仁人，不会苟全生命而损害仁义，而宁肯牺牲生命成全仁义。"

做人哲学

有一次，孔子给弟子们讲"仁德"。为启发学生深刻理解"不贪生害仁，敢舍生成全仁"的含义，让弟子们举例说明问题。

漆雕开首先讲了文正德拒绝排练八佾事件：

相国季孙意如（季平子）令人将宫廷乐舞师文正德叫至相府说："不久，家祭时使用 64 人舞列的八佾舞，由你组织排练！"

乐舞师说："相国，你是大夫，依周礼，你家家祭只能使用 16 人的四佾乐舞。八佾，只有周天子和鲁侯才能使用。我作为宫廷乐舞师。应按规矩办事！"季平子怒不可遏地说："我的话就是规矩，我让你来相府帮忙，你敢违抗我的命令，你长了几个脑袋？"文正德理直气壮地说："维护礼仪是我的天职！"季平子咬牙切齿地说："那好！那好！我就让你尽到天职！"说完，命阳虎将文正德一箭刺死在练舞场上。

"此事，请老师评述。"漆雕开说。

孔子说："季孙意如是大夫，其家祭只能用四佾，他使用八佾，是冒用周天子和鲁君礼仪，是僭礼行为，是可忍，孰不可忍也！而宫廷乐舞师文正德拒绝为季孙意如排练八佾舞，是维护周礼和仁德，他因此而死于季平子剑下，可谓杀身成仁矣！"

仲孙闻讲了宫理兴拒运龟阴粮的故事：

鲁定公十年，齐鲁夹谷会盟确定齐国侵占的鲁国龟阴等三地归还鲁国。在龟阴回归鲁国之前，齐国使臣在龟阴府内命宫理兴组织车马将龟阴仓库中的粮食全部运至齐国。公理兴说："既然齐国已将龟阴归还鲁国，那么，龟阴仓库的粮食是龟阴地区百姓的血汗，当然也属于鲁国。我作为鲁国人，坚决制止你们盗运鲁粮！"齐使当即命齐人将公理兴暗杀在龟阴府内。

"也请老师评述这一事件！"仲孙闻说。

孔子说："在齐鲁夹谷会盟确定龟阴归还鲁国后，公理兴拒绝齐使盗运鲁粮而被杀，是杀身成仁、舍生取义的高尚爱国行为！"

子路赞叹道："文正德、宫理兴都是仁德之人，值得咱们弟子永远学习！"

"当一个人的生命与仁德发生冲突时，也就是说，需要为仁德献出生命时，应当怎么办？"孔子总结说："志士仁人，无求生以害仁，有杀身以成仁。"

故事

迪卡尼奥的放弃

在英国的曼彻斯特城，英格兰超级足球联赛第 18 轮的一场比赛在埃弗顿队与西汉姆联队之间进行。

比赛只剩下最后一分钟时，场上的比分仍然是1：1。这时，埃弗顿队的守门员杰拉德在扑球时膝盖扭伤，剧痛使得他倒在地上，而足球恰好被传给了潜伏在禁区的西汉姆联队球员迪卡尼奥脚下。

热闹的球场上顿时肃静下来，所有的人都在等待。迪卡尼奥离球门只有12米左右，无需任何技术，只要一点点力量，他就可以把球从容打进对方球门。那样，西汉姆联队就将以2：1获胜，积分榜上，他们因此可以增加三分。

在现场几万球迷的注视下，迪卡尼奥没有用脚踢球，而是将球抱在怀中。他的这个动作刚做完，全场响起一片潮水般的掌声，把赞美之情献给了放弃射门的迪卡尼奥，或者说，是献给迪卡尼奥体现出来的和平、友谊、健康、正义的体育精神！

鸟兽不可与同群

原文

夫子怃然曰："鸟兽不可与同群，吾非斯人之徒与而谁与？天下有道，丘不与易也。"

——《论语·微子》

译文

夫子怃然感慨地说："有种人，只有在山林里与鸟兽来往，我是做不到的。我不同社会上的人在一起又同谁在一起呢？如果天下合乎正道，我就不会同你们一道想办法去改变这种状况了。"

做人哲学

长沮、桀溺两个人在一起耕地。孔子经过那里，叫子路去打听渡口在哪里。

长沮问子路："驾车的那个人是谁？"

子路说："是孔丘。"

长沮又问："是鲁国的孔丘吗？"

子路答："是的。"

长沮说："他自己应该知道渡口在哪里。"

子路又去问桀溺。

桀溺说："你是谁？"

子路说："我是仲由。"

桀溺又问："是鲁国孔丘的门徒吗？"

子路答："是的。"

桀溺说："天下到处都是滔滔大水一样的恶浊，你们谁能改变它呢？而且你与其跟随孔丘那样躲避不好的人，怎么不跟随像我们这样避世的人呢？"说完，他仍旧不停地做田里的活。

子路回来告诉了孔子，孔子叹息说："有种人，只有在山林里与鸟兽来往，我是做不到的。我不同社会上的人在一起又同谁在一起呢？如果天下合乎正道，我就不会同你们一道想办法去改变这种状况了。"

故事

马克·吐温的道歉

《镀金时代》是美国幽默大师马克·吐温的杰作。它彻底揭露了美国政府的腐败和政客、资本家的卑鄙无耻。当记者在小说发表之后采访他时，他答记者问说："美国国会中，有些议员是狗婊子养的。"此话一经发表，各地报纸杂志争相刊出，使美国国会议员暴怒，说他是人身攻击，正因不知哪些议员是狗婊子养的，便人人自危。所以群起鼓噪，坚决要马克·吐温澄清事实道歉，否则将以中伤罪起诉，求得法律手段保护。

几天后，在《纽约时报》上，马克·吐温刊登了一则致联邦议员的道歉启事：日前鄙人在酒会上答记者问时发言，说'美国国会中，有些议员是狗婊子养的。'事后有人向我兴师问罪，考虑再三，觉得此话不恰当，而且不符合事实。故特此登报声明，我的话修改如下：

"美国国会中有些议员不是狗婊子养的。"

这段"道歉启事"，只在原话上加上一个"不"字，前边说"有些是"，唯其未指出是谁，因此人人自危；后改成"有些不是"，议员们都认为自己不是狗……于是，那些吵吵闹闹的议员们不再过问此事。

安贫乐道

原文

子曰："富与贵，是人之所欲也；不以其道得之，不处也。贫与贱，是人之所恶也；不以其道得之，不去也。君子去仁，恶乎成名？君子无终食之间违仁，造次必于是，颠沛必于是。"

——《论语·里仁》

译文

孔子说："富有与显贵，是人人都想要拥有的。但是，如果使用不合乎道义的手段来获得，君子是不接受的。穷困与贫贱，是人人都厌弃的。但是，如果用不正当的手段摆脱它，君子也不是接受的。君子如果放弃了仁德，又何以称其为君子呢？君子不会有片刻背离仁德，即使是仓猝急迫的时刻也必定谨守仁行德，纵使务困于颠沛流离的境地也一样固守仁德。"

做人哲学

孔子发现弟子原宪很会理财，就让他做了学馆里的总管。

有一年春节，原宪准备回去与家人团聚。孔子见原宪平日十分辛苦，便决定给他一些小米带回家过年，原宪却坚辞不要。

孔子就说："不要辞退了，如果你家用不完，就送给你家乡的穷人吧！"这样，原宪才接受了孔子送给的小米。

原宪学习刻苦勤奋，孔子的许多思想都被他全盘接受了。

最后因为孔子的一句话，决定了他终生安贫乐道，矢志不移。

那是一次师生间的闲谈，原宪问孔子什么是可耻？

孔子告诉他："你要坚守自己的信仰，国家政治清明时，就出来做官领俸禄；如果国家政治黑暗，就躲开不干。"

原宪把孔子的话，铭记在心。孔子死时，他才三十多岁，正是精力旺盛，年富力强的时候，可他看到四方各国都是坏人当道，好人遭殃的形势，找不到一处清明的做官场所，于是隐居到卫国的草泽之中，过着自食其力，孤灯苦读的清贫生活。

十几年之后，子贡做了卫国国相，当他打听到同学原宪的住处后，便乘坐十分豪华的马车，率领大队人马，来到草泽之野。子贡见没有通向原宪住处的道路。就派随军砍伐荆棘，清除地面上的草藤污泥，铺设出一条宽阔的道路。然后，子贡乘车，前呼后拥地来到原宪的茅舍。子贡下了车，趾高气扬地嚷道："屋里有人吗？"

原宪手捧书本，衣衫破烂，鞋帽不整地从低矮的茅屋里钻出双眼无神地盯着子贡。

子贡见状，惊奇地问道："原宪你怎么了？不是有病吧？"

原宪鄙视地说道："我先前听咱老师说，没有多余的财富是贫穷；学习了仁义道德，而不行仁义的人才是病态呢。我原宪虽贫穷，但乐于孔子之道，不是我病了，而是你病了吧！"

子贡听了，想起老师的教导，知道自己的德行不如原宪，无话可说，不禁惭愧而又尴尬地向原宪告辞走了。

故事

佛会知道

一个美国游客到泰国曼谷旅行，在货摊上看见了一种十分可爱的小纪念品，他选中3件后就问价钱。女商贩回答是每件100铢。美国游客还价80铢，费尽口舌讲了半天，女商贩就是不同意降价，她说："我每卖出100铢，才能从老板那里得到10铢。如果价格降到80铢，我什么也得不到。"

美国游客眼珠一转，想出一个主意，他对女商贩说："这样吧，你卖给我 60 铢一个，每件纪念品我额外给你 20 铢报酬，这样比老板给你的还多，而我也少花钱。你我双方都得到好处，行吗？"

美国游客以为这位泰国女商贩会马上答应，但只见她连连摇头。见此情景，美国游客又补充了一句："别担心，你老板不会知道的。"

女商贩听了这话，看着美国游客，更加坚决地摇头说："佛会知道。"

美国游客一时哑然。他为了达到自己的目的，就像钓鱼一样，设了一个诱饵，但女商贩并不上钩，关键在于她深深懂得：商人必须讲究商业道德，正经钱可赚，昧心钱不可得；别人能瞒得住，但良心不可欺。

认认真真做事，清清白白做人，于人于己问心无愧，无论处于何种人生情境，无论是别人知道还是别人不知道，做人都要珍视"人"这个崇高的称号，必须保持个人品德的纯洁无瑕。

孔子绝四

原文

子绝四——毋意、毋必，毋固、毋我。

——《论语·子罕》

译文

孔子杜绝了四种毛病——不凭空臆测，没有一定要怎么样的期望，不固执己见，不自以为是。

做人哲学

孔子的弟子子路向孔子请教说："夫子能告诉我什么叫作强吗？"

孔子问道："你问的是南方人的强呢，还是北方人的强呢，还是你想要学习的强呢？"

子路回答说："这难道有什么区别吗？"

孔子说："当然有区别了。宽厚温和地教诲别人，对于对方的横暴无礼不以牙还牙地进行报复，这就是南方的强。君子也拥有这种品格。把刀枪甲胄当作枕席，时刻都离不开武器和戎装，视死如归，这就是北方的强。好刚强的人属于这一种。"

子路问道："夫子认为什么才是我应该学习的刚强呢？"

孔子回答说："君子可以随和，但是并不随波逐流，这才是真正的刚强啊！君子要做到和而不流，就要立定中庸之道，不偏不倚，国家政治开明，自己也不改变穷困时的操守，国家暴虐，没有德政，至死也不改变平生的志向，这才是真正的刚强啊！"

孔子一直强调为人应该坚守自己的主张和原则，不能随波逐流，对自己选定的价值目标有坚定的信念，因为只有这样才能激励人们勇往直前，克服一切艰难险阻，以战胜一切困难的信心、勇气和毅力，去实现自己的目标和理想，否则的话，就会失去自我的主宰，把自己的命运完全文给别人去安排。

故事

捞鱼的哲学

集市上有一位老人摆了个捞鱼的摊子，向有意捞鱼者提供渔网，人们可以随意地从盆中捞鱼，而捞起来的鱼归捞鱼人所有。当然世界上没有如此便宜的事情，那个渔网很容易破碎。一位大学生决定试试运气。但他一连捞碎了三只网，一条小鱼也未捞到。懊恼地说："老板，你这网子做得太薄了，几乎一碰到水就破了，那些鱼怎么捞得起来呢？"

老人回答说："年轻人，你怎么不想想？当你想要捞起鱼时，你打量过你手中的渔网是否真有那能耐吗？有追求不是件坏事，但是也要懂得了解你自己有没有那个实力！"

"可是我还是觉得你的网太薄，根本就捞不起鱼。"大学生有点不服地说。

老人没有反驳，而是接过大学生手中的渔网，随便两下就捞起来一条活蹦乱跳的小鱼。

"年轻人，你还不懂得捞鱼的哲学！这和人们追求事业、爱情和金钱是同一个道理。当沉浸于一个目标的时候，要衡量自己的实力！不要好高骛远。"

知者乐水，仁者乐山

原文

子曰："知者乐水，仁者乐山。知者动，仁者静。知者乐，仁者寿。"

——《论语·雍也》

译文

孔子说："一个拥有智慧的人，只有当他的智慧像江河一样不停地流动的时候，他才能真正感觉到智慧本身的快乐；一个拥有一颗仁爱的心灵的人，只有当他的仁爱像高山一样静止不动的时候，他才能感受到仁爱本身的幸福。智慧的本质是流动的，仁爱的本质是静止的。聪明的人快乐而幸福，仁爱的人健康而长寿。"

做人哲学

有一天，孔子对他的学生们说："聪明的人喜欢水，有仁德的人喜欢山。聪明的人性格就像水一样活泼，有仁德的人就像山一样安静。聪明的人生活快乐，有仁德的人会长寿。"

子张便问孔子说："为什么仁人乐于见到山呢？"

孔子说："山，它高大巍峨，为什么山高大巍峨仁者就乐于见到它呢？这是因为山上草木茂密，鸟兽群集，人们生产生活所用的一切东西山上都生产，并且取之不尽用之不竭。山出产了许多对人们有益的东西，可它自己并不从人们那里索取任何东西，四面八方的人来到山上取其所需，山都慷慨给予。山还兴风雷做云雨以贯通天地，使阴阳二气调和，降下甘霖以惠泽万物，万物因之得以生长，人民因之得以饱暖。这就是仁人之所以乐于见到山的原因啊。"

子贡接着问道："为什么智者乐于见到水呢？"

孔子回答说："水，它富有一切生命的物体而出乎自然，就像是人的美德；它流向低处，蜿蜒曲折却有一定的方向，就像正义一样；它汹涌澎湃没有止境；就像人的德行，假如人们开掘堤坝使其流淌，它就会一泻千里，即使它跌进万丈深的山谷，它也毫无畏惧，就像勇敢无所畏惧。它柔弱，但是却又无所不达，万物出入于它，而变得新鲜洁净，就像善于教化一样。这不就是智者的品格吗?"

故事

博士应聘

某公司一个重要部门的经理要离职了，董事长决定要找一位德才兼备的人接替这个位置，但连续来应征的几个人都没有通过董事长的"考试"。

这天，一位30来岁的留美博士前来应征，董事长却通知他凌晨三点去他他家考试。这位青年于是凌晨三点就去按董事长家的铃，却未见人来开门，一直到八点钟，董事长才让他进门。

考的题目是由董事长口述，董事长问他："你会写字吗?"年轻人说："会。"

董事长拿出一张白纸说："请你写一个白饭的'白'字。"

他写完了，却等不到下一题，疑惑地问："就这样吗?"

董事长静静地看着他，回答："对! 考完了!"

年轻人觉得很奇怪，这是哪门子的考试啊?

第二天，董事长在董事会上宣布，该名年轻人通过了考试，而且是一项严格的考试!

他说明："一个这么年轻的博士，他的聪明与学问一定不成问题，所以我考其他更难的。"又接着说，"首先，我考他牺牲的精神，我要他牺牲睡眠，半夜3点钟来参加公司的应考，他做到了; 我又考他的忍耐，要他空等5个小时，他也做到了; 我又考他的脾气，看他是否能够不发火，他也做到了; 最后，我考他的谦虚，我只考堂堂一个博士5岁小孩都会写的字，他也肯写。一个人已有了博士学位，又有牺牲的精神、忍耐、好脾气、谦虚，这样德才兼备的人，还有什么好挑剔的呢？我决定任用他！"

己所不欲，勿施于人

原文

仲弓问仁。

子曰："出门如见大宾，使民如承大祭。己所不欲，勿施于人。在邦无怨，在家无怨。"

——《论语·颜渊》

译文

仲弓请问什么是仁。

孔子答说："出门在外面要像拜见高贵宾客，使唤百姓要像承办重大祭祀。自己不愿意的事情，不要加到别人身上。在官场上没有人对自己怨恨，在家庭里没人对自己有怨言。"

做人哲学

一天，孔子的学生仲弓走进老师的房间问他说："夫子，什么是仁呢？"

孔子回答说："出门见人好像见到贵宾一样，使唤老百姓好像承担重大的祭祀一样小心谨慎。自己不想要的东西，不要强加给别人。在官场上没有人对自己怨恨，在家里没有人对自己有怨言。"

仲弓说："我虽然没有多大的才能，但是让我按照您说的去做吧。"说完以后，仲弓就退了出去。

过了一会儿，另一个叫樊迟的学生又进来问孔子说："夫子，请问什么是仁呢？"

孔子回答说："仁，就是要爱人。"

这时一直呆在屋里的司马耕问孔子说："夫子，您讲的是仁德、忠义都是极好的、人人相爱，以仁义待人，确实是一种美德。我也很想得到仁德，但活在世界上也是我的欲望。假如仁德与生命两者发生了冲突，我该怎么处理？"

孔子严肃地回答说："这还有什么可犹豫的呢？面临着实行仁德的事情，连对老师都可以不必讲究谦让。凡是真正的有志气的士，有仁心的人，他们是不会因为贪生怕死而损害仁义，而宁肯牺牲自己去成全仁义。"

故事

仁爱的行动

美国内战期间，亚伯拉罕·林肯经常去医院慰问受伤的士兵。

一次，医生介绍了一个即将死去的年轻士兵，林肯走到他边。

"我能为您做什么事吗？"总统问道。

士兵显然没有认出林肯，他费力地低声说道："您能给我亲人写封信吗？"

笔和纸准备好了，总统认真地写下那个年轻士兵能说出的话："我最亲爱的妈妈，在我履行我的义务时，我负了重伤，恐怕我不可能再回到您的身边，请不要为我悲伤，代我吻一下玛丽和约翰。上帝保佑您和父亲。"

士兵虚弱得不能再继续说下去，所以林肯代他签了名，又加上一句："亚伯拉罕·林肯为您儿子代笔。"

年轻人要求看一下信，当他知道谁为他代笔写信时他不禁惊呆了："您真是总统吗？"他问道。

"是的，是我。"林肯平静地回答，然后他问道，"我还能为你做些什么。"

"您能握握我的手吗？"士兵请求道，"那将帮助我走完剩下的这段时光。"

在这个寂静的房间里，高大的总统握着男孩的手，说着体贴入怀的鼓励话语，直到死亡款款而来……

孔子之志

原文

子路曰："愿闻子之志。"

子曰："老者安之，朋友信之，少者怀之。"

——《论语·公冶长》

译文

子路问孔子："我们愿意听听老师您的志向。"

孔子说："我的志向是，让老人有所养而得到安逸，让朋友得到信任，让青年人得到关怀。"

做人哲学

一次，孟武伯来拜访孔子，孔子向他谈了自己的仁学思想。当时孔子的弟子都陪伴在旁边，他们英姿飒爽、智慧聪明的神态引起了孟武伯的关注。

孟武伯问子路是个有仁德的人吗？孔子说："不知道。"他又问子路到底怎么样。孔子说："子路这个人，在一个有一千辆兵车的国家里，可以让他主管军事，至于他是不是个仁德的人，我不知道。"

孟武伯又问："冉求这个人怎么样？"孔子说："冉求这个人，千户人口的县邑，可以让他当县长，百辆兵车的大夫封地，可以让他担任总管，但他有无仁德，我也不知道。"

孟武伯又问："公西赤怎么样？"孔子说："公西赤呀，穿上礼服，站立在朝廷上，可以让他负责接待外宾的工作，他有没有仁德，我也不知道。"

又有一天，颜回、子路陪立在孔子身边闲谈，孔子说："你们何不谈谈自己的志向？"

子路是一个非常有豪侠之气的人，胸襟非常开阔，他豪迈地说："我希望把自己的好东西都和朋友分享，就是用坏了也没有关系。"

颜回的性格比较温和且谨慎，他舒缓地说："我希望有好的道德行为和成就，对于社会有善行和贡献，但我愿意不夸耀自己的长处，不表白自己的功劳。"

子路和颜回的回答是一文一武，志向不同。他们说完了，孔子听了以后，还没有说话，子路忍不住了，转而问孔子道："老师，我们愿意也听听老师您的志向。"

孔子说："我的志向是，让老人有所养而得到安逸，让朋友得到信任，让青年人得到关怀。"

故事

博爱的陈嘉庚庚

陈嘉庚是著名的爱国华侨，早年他白手起家，靠着过人的聪明和坚韧的意志，终于发了大财。可是，他日常生活依然十分俭朴。他年纪大了去检查身体，发现营养不良，钱到哪里去了？全做了社会慈善事业，新加坡南洋大学就是他亲手创办的。在国内自己的家乡，他也到处兴办学校，提倡教育，帮助一些苦难的人。他自己有钱并不享受。

有一次陈嘉庚和儿子一起出国办事，儿子坐的是头等舱，他自己坐经济舱，下了飞机后，他对儿子说："我们同时到达，何必花那么多冤枉钱？"我国著名的佛学大师净空法师高度赞扬陈嘉庚"这老人不同凡响"。

陈嘉庚的儿子曾经被强盗绑票，强盗提出条件要多少赎金。陈嘉庚通知强盗："你把我儿子杀掉好了，我一分钱也不会给你，我的钱全部拿去做公益事业了，绝不给后代。"真正是全力做社会慈善福利事业，念念为人想、为社会想，没有为自己想。那个强盗接到通知，把他的儿子放掉了。

直到今天，提起陈嘉庚老先生，祖国内地和新加坡许多人都对他的伟大人品念念不忘。

人之生也直

原文

子曰："人之生也直，罔之生也幸而免。"

—— 《论语·雍也》

译文

孔子说："人活着要正直，不可为侥幸求生而逃避。"

做人哲学

楚国攻占陈国，陈国的西城门被打坏了。楚国叫陈国被俘的人去修筑它。

孔子和弟子们驾着车经过这里。子贡等弟子在穿越城门时从座上站起，两手扒在车子前面的横木上。古人叫这横木为"轼"。按礼的规定，经过城门需要"伏轼"以表示礼敬。

子贡看老师孔子坐在车上一动不动，感到很奇怪：老师怎么连这个礼都不知道？是忘了吗？

于是子贡拉住马缰绳，把车子停了下来，问孔子说："按礼的规定，城门这儿只要有三个人就当下车，有两个人就要伏轼，现在陈国修城门有这么多人，先生没带我们下车，竟连站也不站，轼也不伏，这是为什么?"

孔子十分难过地说:"国家破亡,这些人好像不知道,这是多么愚蠢啊!他们要是知道,却不与楚国抗争,这对国家多么不忠啊!假如他们抗争了,却不能为国而死,便称不上勇敢。修城门的人虽然多,上面三样他们连一样都不到。对待这样一群人,还值得我伏轼行礼吗?"

故事

正直的品格

宁今年22岁,护校毕业后来到一家大医院实习。宁十分聪明,在实习期间,护士长和医生都喜欢她,尤其在手术室,她眼尖手巧,做助手干净利落,穿针引线速度快得连护士长都叹为观止。外科张主任认可宁的能力,想留下她做助手。

宁聪敏能干,可有个"弱点",就是只要认清了理,她就咬着不放,直到对方服了才善罢甘休。因此科室的人对她褒贬不一,有的说她固执得可爱,有的说她骄得可恶,但张主任偏偏喜欢她这种品格,并常常说她是个好苗子。

有一次,张主任亲自主刀抢救一位腹腔受伤的重伤员,器械护士正好是宁。复杂艰苦的手术从中午进行到黄昏。手术顺利成功,当张主任宣布缝合病人的伤口时,宁突然出人意料地说:"且慢关腹,少一块纱布。"

张主任问:"多少块纱布?"

宁说:"16块。"

"现在多少?"张主任问。

"15块。"宁回答。

"你记错了，"张主任肯定地说，"我已经都取出来了，手术已经大半天了，立刻关腹。"

"不，不行！"宁大声说，"我记得清清楚楚，手术中我们用了 16 块纱布。"

张主任这位资深的著名外科专家似乎生气了，果断地说："听我的，关腹，有事我负责！"

宁这时又认死理了："您是主治医师，您不能这样做！主任，我们是救死扶伤的医生，再说这位战士是为了挽救国家财产而英勇负伤的，他是英雄啊！"她坚决阻止关腹，要求重新探查。直到此时，张主任的脸上终于浮起一阵欣慰的笑容。

张主任点点头，接着他欣然松开一只手，向所有的人宣布："这块纱布在我手里。宁，你是一位合格的手术护士，能当我的助手。"

第七章 为人哲学

有教无类

原文

子曰："有教无类。"

——《论语·卫灵公》

译文

孔子说："人人我都教育，没有贫富、智愚，地域等等的区别。"

做人哲学

孔子从十五岁立志于学，到了三十岁时，已成为一位通晓古今的大学问家。他不仅全面掌握了"六艺"，而且通晓了"六经"，为他后来的从政、办学打下了坚实的基础。

孔子由一个穷孩子，突然变得博闻多识，便有人恭维他是"天才"。

孔子说，我十五志于学，三十而立。后来是"四十而不惑，五十而知天命，六十而耳顺，七十而从心所欲，不逾矩。"他不认为自己是天才，而是勤奋学成的，所以他又说："就是十户人家的地方，一定有像我这样又忠心又讲信用的人，只是没有我这么喜欢钻研学问罢了。"

孔子十九岁娶亓官氏为妻，次年生子，许多人都来祝贺，就连国君鲁昭公都送上一条大鲤鱼表示祝贺，可见孔子当时在鲁国已有很高的声誉了。

孔子的名望越来越高，便有一些富家子弟要拜孔子为师。鲁国大夫孟僖子临死时，把两个儿子叫到床前说："孔子知识渊博，将来会成为圣人。我死后你们一定要拜他为师跟他学习，将来定会有出息的！"孟僖子死后，他的两个儿子孟懿子和南宫敬叔都成了孔子的弟子。

随着求学人的增多，孔子干脆辞掉了"委吏"和"乘田"的官职，开始收徒讲学，过去受教育的人都是贵族的孩子，孔子提出了"有教无类"的办学思想，使普通老百姓的子女也有受教育的机会。这种学校就叫"私塾"。孔子招生的手续也很简单，只要交上十条干肉作为学费，就收为门徒。

孔子的教学方法是一个十分周全的系统。他设立了"文、行、忠、信"四种科目，又严立了"格物、致和、诚意、正心、修身、齐家、治国、平天下"等八个为学、立身、处世的大宗旨。具体教授"礼、乐、射、御、书、数"等六艺，以达到"智、仁、勇"三德。孔子的教学又分为"志于道、据于德、依于仁、游于艺"四个阶段，以德行为首，语言次之，政事第三，文学最末。传说"孔子弟子三千，贤者七十二"，就是说孔子有学生三千多，真正学出点名堂的只有七十二人。

孔子之前的学校都是官办的，受教育者都是贵族子弟，一般老百姓的孩子是没有资格进学堂的。孔子创办私学，提出了"有教无类"的进步口号。就是说，任何人都有受教育的权利，没有贫富贵贱和国别的限制。他的学生中，有鲁国的颜回、陈国的颛孙师、齐国的公冶长、宋国的司马牛、吴国的子游、楚国的公孙龙；还有一贫如洗的原宪、富商子贡、贵族孟懿子、野人子路、盗贼颜涿聚等。

孔子认为，人一生下来是没有什么差别的，人之所以各不一样，都是后天的影响所造成的。有一天，曲阜城外互乡的一个小男孩来求见孔子。因互乡是鲁国有名的风俗败坏的乡村，所以许多弟子不主张孔子接见小男孩。孔子没有理会弟子们的劝说，只管让颜回把小男孩喊了进来。

小男孩进得门来，很有礼貌地向孔子行了礼。

孔子问他："你来见我有什么事吗？"

小男孩答道："我父亲让我来问问先生，小孩子要到几岁才可以上学呢？"

孔子一听这话，就满心欢喜地答道："只要能认得文字，听得懂我的讲义，就可以了。年龄大小都是无关紧要的。"

小男孩谢了孔子，出了学馆。孔子见弟子们还在议论纷纷，就说："我也知道互乡是个坏地方，但是这儿童是纯洁的。他诚心诚意来见我，我只看他眼前的诚心，不问他以前的好坏，我只让他进来相见，不问他出去是作恶还是为善，有什么可非议的呢？你们想，假如我把这小男孩拒之门外，那么生长在不良风俗之乡的人，都不敢来见我，岂不是阻塞了他们要改邪归正的道路吗？"

弟子们听了，都无话可说。

故事

大大地改善

在美国东部有一所非常著名的学府，它的名字几乎为全世界的知识分子所知晓，它的入学需要平均 90 分以上的成绩，它一节课的学费，可以相当普通家庭整月的开销，它的学生常穿着印有校名的 T 恤在街上招摇……

但是，这个学校有着严重的困扰，因为它紧邻一个治安极坏的贫民区，学校的玻璃经常被顽童打破，学生的车子总是失窃，学生在晚上被抢已不是新闻，女学生甚至遭到强暴。

"我们这么伟大的学校，怎能有那么糟糕的邻居。"董事会议愤怒地一致通过："把那些不上路的邻居赶走！"方法很简单以学校雄厚的财力把贫民区的土地和房屋全部买下，改为校园。

于是校园变大了。但是问题不但没有解决，反而变得更严重，因为那些贫民虽然搬走，却只是向外移，隔着青青的草地，学校又与新贫民区相接。加上扩大的校园难于管理，治安是更糟了。

董事会失去了主意，请来当地的警官共谋对策。

"当我们与邻居相处不来时，最好的方法不是把邻人赶走，更不是将自己封闭，反而应该试着去了解、沟通，进而影响、教育他们。"警官说。

董事们相顾半晌，哑然失笑，他们发现身为世界最著名学府的董事，竟然忘记了教育的功能。

他们设立了平民补习班，送研究生去贫民区调查探访，捐赠教育器材给邻近的中小学，并辅导就业，更开辟部分校园为运动场，供青少年们使用。

　　没有几年，这所学校的环境治安，已经大大地改善，而那邻近的贫民区，更眼看着步入小康了。

诗礼传家

原文

　　子谓伯鱼曰："女为《周南》、《召南》矣乎？人而不为《周南》、《召南》，其犹正墙面而立也与？"

——《论语·阳货》

译文

　　孔子对伯鱼说："你研究过《周南》、《召南》吗？一个人如果没有研读过《周南》、《召南》，那不就像面对着墙壁而呆立吗？"

做人哲学

　　一天，陈亢与学兄孔鲤谈论家教。

　　陈亢对孔鲤说："你父亲是天下闻名的圣人，你真是十分幸运呀！"

　　孔鲤说："你的父亲也很好啊！他老人家勤劳善良，对你十分关爱，千里迢迢，把你从陈国送到鲁国来读书。"

　　"我父亲对我的确十分慈爱，但他老人家没有文化。父亲对我的家教远不如老师对你的家教。"陈亢问孔鲤："在智能培养等各方面，老师对您是否有特别的与众不同的传授、辅导？"

孔鲤回答："没有。只不过有一次，他一个人独自站在院内，我从院中经过，看见父亲就快步走开，父亲让我止步，问：'你学习过《诗经》没有？'我回答：'没有。'父亲说：'你不学《诗经》，不可能把话说得好。'我退下之后，就去学习《诗经》；又有一天，仍是父亲一个人站在院子里，我从父亲跟前走过时，他叫住我，问：'你学习礼了吗？'我回答：'还没有学习。'他老人家教训我说：'不学礼，无以立。'于是，我就刻苦学礼。我只得到父亲对我这两次教育。"

陈亢听了孔鲤的回答，十分高兴地说："我只问了老师对儿子是否有特别教育这一件事，却知道了三件事：懂得了学习《诗经》的重要性，懂得了学习'礼'的重要性，而且还懂得了圣人教育人无私心，老师对自己的儿子和对其他弟子一样，没有任何偏私。"

陈亢又问孔鲤："近来，老师对你说过什么没有？"

孔鲤告诉陈亢："近来，父亲曾对我说：'你研究过《周南》、《召南》了吗？如果不研究《周南》、《召南》，就如同面对墙壁站立，一物无所见，一步不可行。'"

陈亢是个悟性很高的学生，他对孔鲤说："我听了你前后讲的两段话，明白了老师教子的做法，是从做人的根本——道德品质的培养教育入手的。"

从此，孔子教子的故事首先在弟子中传开了。弟子们称赞老师教子的方法是"诗礼传家"。

故事

知行合一

在一个阳光普照的周末午后，一个自豪的父亲巴比·路易士，正带着他的两个儿子打迷你高尔夫球。他走向售票柜台问道："进去要花多少钱?"

年轻的售票先生回答："大人3元，6岁以上的小孩也要3元，刚好6岁或小于6岁的小孩免费，他们两个几岁?"

巴比答道："那个律师3岁，另一个医师7岁，所以我想我得付6元。"

那位售票先生笑道："嗨! 先生，你是刚中了彩券还是发了财? 你只要告诉我较大的男孩6岁，就可以替自己省下3元，我又看不出来有什么差别。"巴比回答："你说的没错，但是孩子们知道那是不同的。"

爱默生曾说："任你喊得声嘶力竭，我却听不到。"在这决定性的时刻，道德感更重要，更确认你为每一个和你一起生活及工作的人树立了良好的榜样。

君子有三思

原文

孔子曰："君子有三思，不可不察也：少而不学，长无能也；老而不教，死莫之思也；有而不施，穷莫之救也。故君子少思其长则务学，老思其死则务教，有思其穷则务施。"

——《孔子家语·三恕》

译文

孔子说："君子有三件必须办的事，一定要高度注意：少年时代不努力学习，长大以后没有真本领；老年时期不认真教育后代，死了以后没有人思念；富有以后舍不得施舍，处境不好的时候就没有人援助。所以，一个君子在少年时代，就应想到长成人以后有没有真本领而努力学习，老年时期应想到死后的声誉而注意教育后代，富有时应想到处境不好的状况而注意施舍。"

做人哲学

一次，孔子在书房里对儿子孔鲤，侄儿孔忠说："你们弟兄二人，要牢记五件事。"

孔鲤、孔忠洗耳恭听。

孔子说："应牢记的五件事是：（一）年轻时学不到丰富的知识，长大后不会有较大的作为，年轻时应努力学习；（二）年纪大不能为后辈树立榜样，死后无人怀念，年纪大时务必为后辈们做出表率；（三）富有时不肯帮助别人，穷困时则无人援助，应乐于助人；（四）应懂得学问比容貌、力气、家族力量更重要，学问能为民造福，流传后世，对学问修养加强再加强；（五）应学会推己及人，对自己能做好的事，再要求别人做到。这样做，能成为立身端正的君子。"

故事

托尔斯泰的反省

列夫·托尔斯泰（俄国作家，1828～1910年）在青年时期，曾有一段放荡的生涯。他不好好读书，考试不及格，教师把他降了班。他赌博、借债、鬼混，足有一年的光阴在不务正业中送掉了。

但不久，他立即醒悟了，对自己表示十二分的不满。他认为，自己的放荡行为等于禽兽，真不是人了。他又把错误的原因，详细地总结出来，写在日记本上，计有八点：①缺乏刚毅力；②自己欺骗自己；③有少年轻浮之风；④不谦逊；⑤脾气太躁；⑥生活太放纵；⑦模仿性太强；⑧缺乏反省。这一次反省犹如一个霹雳打在他的身上。他决心结束放荡的生活，跟着他的哥哥尼古拉来到高加索，在炮兵部队里当一个下级军官，并迈步走上文学创作之路，成为19世纪俄国伟大的文学家。

学而优则仕

原文

子夏曰："仕而优则学，学而优则仕。"

——《论语·子张》

译文

孔子的学生子夏说："做官做得好的人应当进一步学习，学习好的人应当去做官。"

做人哲学

季平子骄横放肆，独览国政，用天子、国君的规格祭祀泰山之神，带头瓜分公室……对此，鲁昭公忧心如焚，盼望国家出现遵循周礼的政治势力与之抗衡。这时，他想到孔子是讲仁德、通周礼的大贤。于是，趁孟僖子启奏准允孔子办私学之机，顺势褒奖并批准孔子开办私学。

鲁昭公二十年（公元前522年）夏，孔子的私学办得热气腾腾，几十名学生如饥似渴地学习"六艺"，就连孟懿子和他的弟弟南宫敬叔也成为孔门弟子。杏坛的声望在鲁国越来越高。这一切，无形中对季平子形成了强烈的冲击和挑战。

一天，季平子对少正卯说："国君和孟僖子都支持孔子办私学，若孔门弟子一旦形成政治势力，会有损于我的前程。你看……"

少正卯是位有才学的机灵人，当即心领神会地说："孔子办私学已经国君下诏认可，名正言顺，大人不能下令取缔。由您老支持，我出面办官学，不是照样可以挤垮杏坛吗？"

"就这么办！"季平子与少正卯又如此这般地商量了一番。

第一次盈虚。

少正卯设坛讲学的消息传开后，孔子明知这是与自己竞争，却泰然处之。他按教学计划，给学生讲授"六艺"知识。同时经常强调做学问的态度，诸如，"学习要从人生的经验中去体会，不能死读书或者读死书；学习，要经常实习；学习与做人是一回事，人不可能没有毛病，发现过错及时改正，才是真学问，真道德；我把学生叫做弟子，敬称为弟，爱称为子，咱们互相尊重，教学相长……"弟子们敬佩孔子渊博的学识、严谨的治学态度和谦和的品德，学习风气越来越浓。

少正卯故意在杏坛南边不太远的地方建学堂设教坛。同年秋天，工程完毕，取名卯坛。少正卯扬言，要与布衣孔子的杏坛分出一个子丑寅卯。他对着香坛，大声宣讲："我少正卯是鲁国大夫，办的是官学，所有学生一律免交学费。"少正卯的规定一宣布，卯坛上涌进了不少学生，孔门弟子中也有一些转移到卯坛，杏坛第一次由盈变虚。

第二次盈虚。

孔子并不因为杏坛上的学生减少而失望，继续按部就班地教学"六艺"。同时，从另一个新角度，反复地给学生讲解做人的道理。一次，他曾这样对学生说："作为学生，学习的目的是为了做事。要把事情做好，必须解决好做人的问题。做人的关键是培养君子之德，重视现实人生中的为人处世：能安贫乐道，生活不奢侈，不贪图安逸；培养高尚道德，追求人格、精神纯正；敏于事，讷于言，慎于行；时刻注意向修养高的人请教……这样做，就可以说是从主要方面学会了做人，也是学习好学业的重要方面。"老师的教导，净化了弟子的心灵，他们更加安心地读书、听讲、学习。而卯坛上的弟子们争高低、比家境，乱哄哄的。杏坛上去的学生陆续返回，就连卯坛上也有一些学生被吸引过来。杏坛又兴旺起来。

少正卯一看自己的教坛由盈变虚，便利用自己在季平子手下，在鲁国的地位和影响，并施展游说能力，登门拉拢孟懿子："恭请您到我学堂就读并担当第一弟子，这有利于密切你与季孙相国的关系。您投在一个布衣门下，有何好处？"孟懿子回答："我兄弟做孔门弟子是父亲的心愿。少正大夫虽文才冠国，我兄弟亦不能做你的弟子了，还望原谅。"少正卯皮笑肉不笑地恳求说："您总得给点面子吧？你不做我的弟子，我聘请你做我的学监，帮助我办学，该不推辞了吧？"孟懿子点了点头。少正卯当面从怀中取出事先用绢写好的"聘书"交给孟懿子。当夜，少正卯又派了几个得力弟子到孔门弟子的住处去游说拉拢。结果，第二天一开课，杏坛上又缺了一些学生，第二次由盈变虚。

第三次盈虚。

杏坛上出现第二次流失学生的现象之后，孔子的情绪并没有波动，反而坦然地说："人各有志，择师随意，来去自便，思辨自主，去返不责。"孔子仍然有计划地依序传授"六艺"，并针对某些学生存在的读书做官的念头，加强了官德教育："学习好的可以做官，做官很重要的一条，是必须具备官德。用良好的官德处理政治，就像天上的北极星一样有吸引力，满天的星星都围绕它运行；做官，必须思想不走邪路，温柔敦厚、轻松愉快地为政；为政，首先自己公正，才能政令畅通，其身正不令而行，其身不正虽令不从……"弟子们赞扬："老师讲的为政之道真透彻，如入仕途，定照此去做。"孔门骨干弟子纷纷表示："跟老师学到底！"与此同时，卯坛因缺乏系统教材，缺乏正确的教育思想，第三次乱了套，有不少学生流向杏坛。

少正卯在难以稳定教坛的情况下，绞尽脑汁，想出了一个"绝招"，他亲自找季平子的另一个重要家臣阳虎，通报自己的想法，商议对策。阳虎说："孔子是我的眼中钉，我一定帮助少正大夫挤垮杏坛。"第二天，傲慢粗鲁的阳虎来到卯坛，对着杏坛高声喊叫："杏坛上的弟兄们听着，我阳虎现在正式做了少正大夫的第一弟子！少正大夫的文才在鲁国数第一，他既做官又做老师，他办的是官学，隶属季相国。你们要知道，这样的官学培养的学生做官容易！想读书入仕的，都来做少正大夫的学生吧！季相国能赐给你们官！我也会推荐你们做官！来吧！快到卯坛来吧！不要错过了机会……"果然，阳虎的喧嚣很有诱惑力，一些华而不实的学生转移到卯坛上去了。杏坛上第三次出现了由盈变虚的状况。

"少正卯如此拆我们的台，要和他斗！""要与他辩理！""要向国君启奏！"……孔门弟子愤怒地议论开来。孔子示意学生止怒静坐，心平气和地说："学生跟谁学习都一样，我不在乎弟子多少。但是，我主张学生自觉提高思辨能力，端正治学态度，坚定治学信念，就能多学知识，就能培养出高尚纯洁的道德情操，就能成为国家的有用人材……" 孔子讲完，杏坛上依然书声琅琅。

卯坛上，时而阳虎叫嚷，时而少正卯说教，时而学生吵闹，无计划，无教材，杂乱无章。

"三盈三虚" 之后不久，杏坛得以巩固发展，卯坛以散伙而告终。

故事

为中华崛起而读书

新的学年开始了，奉天（现在的沈阳）关东模范学校魏校长为了测验学生的学习目的，在课堂上提出了一个严肃的问题：读书是为了什么？

有的回答："是为了家父而读书。"

有的回答："为明礼而读书。"

有的干脆说："为光耀门楣而读书。"

"周恩来，现在你回答，为什么要读书？" 魏校长问。

"为了中华之崛起。" 坐在后排的周恩来庄重地回答。

由于他的南方口音，魏校长一时没听清楚，于是周恩来又沉重、大声地重复了一遍：

"为中华崛起而读书。"

父母在，不远游

原文

子曰："父母在，不远游，游必有方。"

——《论语·里仁》

译文

孔子说："父母在世的时候，子女不可以出远门。即使不得已要外出游学，也一定要有确定的去向。"

做人哲学

鲁昭公二十五年（公元前 517 年）晚秋，孔子带领弟子们去了齐国。

虽然时至深秋，却出现了异常天气，两天两夜，连降大雨，田里积了不少水。刚一晴天，孔子一行越过了齐鲁交界处的山脉，只见前面横着一条发源于山区的大河，且有男子哭声从河边传来。孔子一行快速赶到那男子跟前。

孔子下车问："你是何人，何故伤心啼哭？"

那中年男子蓬头垢面，腰间系着绳子，别着一把利刀，听到有人问话，定睛看了看英武斯文的孔子，长出了一口气，似乎有了一点精神依托，低声自报家门："我叫邱奇，曾是齐君侍臣。不知先生是?"

孔子说："我是鲁国的孔丘，带着学生去齐国。"

邱奇一听是孔子到了，忙施礼说："能与夫子这样懂礼的贤明文人见一面，说说自己今生今世的过错，一切也就满足了。"

孔子说："邱先生不必客气，孔丘愿闻究竟。"

邱奇说："我今年40岁，一想起来，就恨自己连续做错事儿。我从小就想着自己一生一定要孝敬好父母，但并没有做到。我一连在外游学就读十八年，待学到许多知识回家时，年迈的父母都离世而去，空有满腹文章，一点孝心未尽。人子以孝为先，而我是个一生空有孝心的不孝人啊！第二，我本是个长期侍奉齐国国君的下臣，事事忠于主公，整天守候他身边，多次劝他改正专横淫荡的毛病，国君不仅不当回事，反而警告我，'再多管闹事赐死'！我是一个无回天之力的废人啊！第三，我很喜欢交际，光挚友就有十余个，我帮他们办了不少事，在他们身上也花了不少钱。可是，上个月我母病亡，妻子偏瘫、我被革职，我的那些朋友，尤其是'挚友'，不知是怕麻烦，还是怕出钱，在我家连遭三灾之时，竟然连门也不进了。这说明我是个知人不知心的蠢人啊！既然我是个不孝人、是个废人、是个蠢人，活在世上还有什么意思？拜请夫子以我的过错警示后人吧！今日偶得与圣人相见，我死而无憾了!"

孔子正欲开口劝说邱奇，不料他转身飞奔至桥中，从腰间拔出利刀，猛一刎颈，栽入河中，被土黄色的急流波涛卷走了。

大家被邱奇的举动惊呆了，急至桥上，面面相觑，悲痛惋惜。

孔子站在桥上，看着从山上流来的奔腾翻滚的河水，深沉地说："邱奇其人，值得深思。他据所言三件事即去寻死，是不对的，但他毕竟是个严于律己的好人。他说自己有愧于父母的那些话很有道理。作子女的，要牢记父母的年龄，尤其在他们年事已高的时候，既要为他们高寿而愉快，又要为他们高龄不抗病而担忧。做到父母在世，不出远门，出远门则必定有个安顿父母的方法。"孔子逐个观察学生的神色后，重复说："父母在，不远游，游必有方！"停了片刻，孔子若有所思地说："你们务必记住'父母在，不远游，游必有方'学问并不是短时间内能学好的。学问也不完全是在课堂上学到的。从今以后，你们有可能要跟我游学四方了。谁家中父母年高或者有病，要赶快回家侍候父母。邱奇有句话说得好，'人子以孝为先'，对父母不尽孝道者，非吾徒也。"

听了老师讲解的道理和劝言，十几个确实需要照顾父母的学生，含泪辞别了老师和师兄、师弟，返程回家。

故事

男孩和他的树

从前，有一棵巨大的苹果树。

一个小男孩每天都喜欢在树下玩耍。他爬树，吃苹果，在树阴下小睡。他爱树，树也爱和他玩。

一天，男孩来到树下，注视着树。

"来和我玩吧。"树说。

"我不再是孩子了，我再也不会在树下玩了。"男孩回答道，"我想要玩具，我需要钱去买玩具。"

"对不起，我没有钱……但是，你可以把我的苹果摘下来，拿去卖掉，这样你就有钱了。"

男孩兴奋地把所有的苹果都摘下来，高兴地离开了。男孩摘了苹果后很久都没有回来，树很伤心。

一天，男孩回来了，树很激动。

"来和我玩吧！"树说。

"我没时间玩，我得工作，养家糊口。我们需要一幢房子，你能帮助我吗?"

"对不起，我没有房子，但是你可以砍下我的树枝，拿去盖你的房子。"男孩把所有的树枝都砍下来，高兴地离开了。

看到男孩那么高兴，树非常欣慰。但是，男孩从此很久没有回来。树再一次孤独、伤心起来。

一个炎热的夏日，男孩终手回来了，树很欣喜。

"来和我玩吧!"树说。

"我过得不快乐，我也一天天变老了，我想去航海放松一下，你能给我一条船吗?"

"用我的树干造你的船吧，你就能快乐地航行到遥远的地方。"男孩把树干砍下来，做成了一条船。

他去航海了，很长时间都没有露面。

最后，过了很多年，男孩终于回来了。

"对不起，孩子，我再也没什么东西可以给你了……"树说。

"我已经没有牙咬苹果了。"男孩回答道。

"我也没有树干让你爬了。"树说。

"我已经老得爬不动了。"男孩说。

"我真的不能再给你任何东西了，除了我正在死去的树根。"树含着泪说。

"我现在不再需要什么了，只想找个地方休息。过了这么多年，我累了。"男孩回答道。

"太好了! 老树根正是休息时最好的倚靠，来吧，来坐在我身边，休息一下吧。"

男孩坐下了，树很高兴，含着泪微笑着……

这是每个人的故事，树就是我们的父母。当我们年幼的时候，我们愿意和爸爸妈妈玩。当我们长大成人，我们就离开了父母，只有我们需要一些东西或者遇到麻烦时，才会回来。不论怎样，父母总是支持我们，竭力给我们每一样能让我们高兴的东西。

你也许会想，男孩对树太残酷了，但是，那正是我们所有人对待父母的方式啊！

亡而为有，难乎有恒

原文

子曰："圣人，吾不得而见之矣。得见君子者，斯可矣。"
子曰："善人，吾不得而见之矣。得见有恒者，斯可矣。亡而为有，虚而为盈，约而为泰，难乎有恒矣。"

——《论语·述而》

译文

孔子说："圣人，我是不能见到了。能见到君子，也就可以了。"
孔子又说："善人，我是不能见到了。能见到走得远的人，也就可以了。没有而装作有，空虚而装作充实，穷困而装作富有，那都是难以持久的。"

做人哲学

孔子讲学，从不拘泥于成规。"观物悟道"，是他常用来启发学生认识深刻道理的教学方法之一。

鲁定公四年（公元前506年）秋的一天下午，孔子带着弟子们和儿子孔鲤，侄儿孔忠去鲁桓公庙。

路上，孔鲤问："昨天去了太庙，今天为啥又去看桓公庙啊！"

孔子严肃地说："看庙，也是很好的学习方式嘛！庙内的一些器物寓含着深刻的人生哲理。"

来到庙内，大家在祭器前列队，一起向桓公塑像行礼后，孔子指着这尊精致新奇的祭器说："这就是宥坐，是用青铜铸成的，口是方形，底部是圆形，两边的铜轴助转动。这青铜祭器能呈现三种状态——空时歪斜、盛水适量时直正、盛满滴水时翻底。"孔子说完，让一弟子向守庙人借木桶提水，当场做试验，结果是：往宥坐内倒水至半时，宥坐由原来空着时的歪斜状态变得垂直稳正了；再往宥坐内倒水至满口时，宥坐"哗"的一声翻底，孔子把宥坐内注满的水倒光了。

孔子说："控制水满而不翻倒的方法就是不断减少，到它快翻倒时就停止。做人也如同这样，要做到聪明智慧，就要以愚笨作为操守；功业覆盖天下，就要保持谦让的态度；有盖世的勇力，就要保持怯弱的样子；富有四海，就要保持谦逊的作风。这就是不断地舀水而减少的方法给我们的启示。满而覆，是常见的现象，聪明人也要看到自己的另一面。大家从往宥坐内注水的试验中悟出了什么道理？"

冉雍说："这就是'持满'之理。满了，就是装的水达到了祭器容量的顶点，铜轴转动，水自然会洒，会覆的。这个试验说明的道理是满招损，谦受益。"

高柴说："老师帮我从宥坐的寓意中看到了自己有时产生骄傲自满的毛病。"

孔鲤说："我学习有欠刻苦、不深入的毛病，缺乏虚怀若谷的修养。"

孔忠说："我学习常满足于一知半解，也是自满的想法在作怪啊！"

弟子们你一言、我一语，热烈地议论着。这个说："我也有自满的毛病。"那个说："我以前对满招损、谦受益的道理认识得太肤浅！"

故事

自负的青蛙

森林中，动物在举办一年一度的"大"比赛。老牛走上台，动物们高呼："大。"大象登场表演，动物也欢呼："真大。"这时，台下角落里的一只青蛙气坏了，难道我不大吗？它一下子跳上一块巨石，拼命鼓起肚皮，同时神采飞扬地高声问道："我大吗？"

"不大。"台下传来的是一片嘲讽的笑声。

青蛙不服气，继续鼓着肚皮。随着"嘭"的一声，肚皮鼓破了。可怜的青蛙，到死也还不知道它到底有多大。

有一位登山队员，一次他有幸参加了攀登珠穆朗玛峰的活动，到了7800米的高度，他体力支持不住，停了下来。当他讲起这段经历时，朋友们都替他惋惜，为什么不再坚持一下呢，再往上攀一点高度，再咬紧一下牙关，爬到顶峰呢？

"不，我最清楚，7800米的海拔是我登山生涯的最高点，我一点也不为此感到遗憾。"他说。

青蛙不了解自己，受到了命运的惩罚；登山队员了解自己，所以他安然无恙。了解自己，这是一种明智，是一种美好的境界。

见物思过

原文

孔子曰："吾有所耻，有所鄙，有所殆。夫幼而不能强学，老而无以教，吾耻之；去其乡，事君而达，卒遇故人，曾无旧言，吾鄙之；与人处而不能亲贤，吾殆之。"

——《孔子家语·三恕》

译文

孔子说："有些事我感到羞耻，有些事令我鄙视，有些事使我感到危险。幼小的时候不能刻苦攻读，到老年时没有本领教学生，我以为羞耻；离开家乡，侍奉国君而被器重，官运亨通，遇到乡亲故旧，却没有旧时的感情和亲切的话语，这种行为，我瞧不起；与小人搞得火热，而疏远有贤德的人，对我来说，是很危险的。"

做人哲学

鲁定公四年（公元前506年），孔子带着弟子进入太庙殿堂，有位弟子指着窗户上的断榫问："老师，你看这是木匠的过失呢？还是另有说法？"

孔子看了看说："建筑太庙，选派的都是能工巧匠，选用的都是上好的材料，工程竭尽巧妙，绝不会出现腐断的现象，这必然另有说法，可能是昭示后人不要间断修缮的意思吧！"

孔子边走边对弟子们说："你们年少无知，不晓得立身处世的道理。做人之道有三要：一是知耻，二是知鄙，三是知危；幼年不勤学，老来一事无成；常和小人接近，而疏远有道德的人，这是危险的。你们要牢记这三点，将来无论干什么事情，就不会出现大的差错。"

弟子们一路看一路听，对建筑周公庙的古人十分钦佩，一器一物都包含着极深的道理，用以昭示后世贤人。孔子更伟大，他能将艰深的道理，说得如此简单明了，并能由里及表，使弟子们受到极深的教育和启发。

故事

莱曼的失败

美国华尔街上历史悠久、资金雄厚的最大投资银行之一的莱曼兄弟公司，曾经连续5年获得创纪录盈利，达到空前鼎盛。彼得与克莱斯曼彼此配合默契，共同领导着莱曼公司，使公司业务蒸蒸日上。克莱斯曼是由彼得提拔上来的，彼得看重的就是克莱斯曼大胆果敢的行动魄力，克莱斯曼也投之以桃，报之以李。两个人就像亲兄弟一样亲密无间。但是后来，由于克莱斯曼不信任别人而毁掉了这个庞大的公司。

这件事的起因源于一次午餐。一位朋友邀请彼得共进午餐，彼得建议把刚在八星期前被提拔为总经理的克莱斯曼也请来。在午餐会中，彼得与对方谈笑风生，而克莱斯曼却备受冷落：这让克莱斯曼受到极大的刺激，他认为这是彼得故意这么做的。他心里想："我要把他赶走！"

从此后，克莱斯曼每天板着脸，旁敲侧击地攻击彼得。彼得退休后，克莱斯曼掌握了公司大权。但他的猜疑之心随即转移到了其他几位股东的身上。几个月后，公司已有几名合伙人离去，公司内部人心涣散。

1983 年秋，厄运终于降临，莱曼兄弟公司的利润大幅度下降，公司面临困境。美国金融界巨头捷运公司提出愿购买莱曼。克莱斯曼虽并不愿意出售公司，但已经无力回天。莱曼公司终于毁在了猜疑心之上。

莱曼公司之所以被捷运公司收购，就是其领导人不信任，有猜疑心，猜疑是与人相处的致命弱点，它不仅毁人，而且害己。

君子不器

原文

子曰："君子不器。"

——《论语·为政》

译文

孔子说："君子不像器具（只有固定的某一方面的用处）。"

做人哲学

鲁定公十年（公元前500年）岁初，52岁的孔子就任司空，主管国家建筑、设计、规划，但仍不辍教学。

一天晚上，子贡向老师请教："今天下午，您讲完课之后，一些学生问这问那，唯有颜回独自站立一旁，似乎神情呆滞。您觉得他是一个怎样的人？"

孔子说："不错，颜回听我讲课，从不提出疑问，不谈反对意见，乍看来，似乎有点愚笨。后来发现，他经常独立思考，不但能够完全理解我讲的内容，而且还有所发挥、有其独到的见解，可见颜回好学，不愚，聪明过人"

"老师说得好！的确，颜回是一个闻一知十的人，我不过闻一知二罢了。"子贡佩服地说。

孔子直截了当地指出："颜回的天资，不是一般的人能够比拟的。可以说，你不如他。"

子贡问："颜回聪明的根源是什么？"

"他上进好学、从不停止；他安贫乐道，乐于苦读。比如，一碗饭，一碗水，住在穷巷里，这种生活别人忧愁得受不了，而颜回自得其乐。……颜回聪明的根源大概就在这里吧！"孔子对颜回的苦学精神作了客观评价。

子贡诚恳地请老师对自己指导："老师，你看我是一个什么样的人？"

孔子答："庙宇里有一种盛粮食的器具，叫瑚琏，很尊贵。你好比是这种器具。"

子贡听了，面露悦色。

孔子接着说："君子不器！子贡啊，你应明白，作为君子，是不应该象某种器具一样，只有一种用途的！"

"老师，我确实想做个君子，但不知应该怎样做。"子贡谦诚地说。

孔子说："多做少说，先做后说，或只做不说。这样，你就可以做君子了！"

"老师，我听明白了，你说的做君子的意思，是引导我改正锋芒毕露、偏激多言的毛病。"子贡的自我批评，包含着几分睿智。

孔子看到子贡如此虚心、坦诚，欣慰地笑了。

故事

爱若和布若

爱若和布若差不多同时受雇于一家超级市场，开始时，两人都从最底层干起。可不久爱若就受到了总经理的青睐，连连被提升，从领班直到部门经理，布若却像被人遗忘了一般，还在最底层默默无闻。终于有一天布若忍无可忍，向总经理提出辞呈，并痛斥总经理狗眼看人低，辛勤工作的人得不到提拔，却提拔那些会拍马屁的小人。

总经理耐心地听着，他了解这个小伙子，工作肯吃苦，但似乎缺了点儿什么，缺什么呢？三言两语也说不清楚，说清楚了他也不服。他忽然有了个主意。

"布若先生，"总经理说，"您马上到集市上去，看看今天有什么卖的。"

布若很快从集市上回来说，刚才集市上只有一个农民拉了一车土豆在卖。

"一车大约有多少袋，多少斤？"总经理问。

布若又跑去，回来后说有40袋。

"价格是多少?"布若再次跑到集市上。

总经理望着来来回回跑得气喘吁吁的他说:"请休息一会儿吧,看看爱若是怎么做的。"

爱若很快从集市上回来了,汇报说:到现在为止只有一个农民在卖土豆,有40袋,价格适中,质量很好,他带回几个让总经理看。这个农民一会儿还将弄几箱西红柿上市,据他看价格还公道,可以进一些货。自己估计这种价格的西红柿总经理大约会要,所以他不仅带回来几个西红柿做样品,而且还把那个农民也带来了,他现在正在外面等回话呢。

总经理看了一眼红了脸的布若,说:"请他进来。"

人洁己以进, 与其洁也

原文

互乡难与言。童子见,门人惑。

子曰:"与其进也,不与其退也,唯何甚?人洁己以进,与其洁也,不保其往也。"

——《论语·述而》

译文

互乡这个地方的人是很难沟通的。但一个来自互乡的少年却得到了孔子的接见。弟子们感到困惑不解。

孔子说："我是肯定他的进步，不是肯定他的倒退，何必做得太过分呢？人家改正了错误以求进步，我们就应该肯定他的进步，不要死抓住他的过去不放。"

做人哲学

鲁定公十一年（公元前499年）仲春一天的上午，大司寇孔子从百忙中脱身"换脑子"，即休息一下，带领弟子们来到石门山山脚下。此地花香鸟语，泉水淙淙入池，塘内鱼儿畅游……有若赞叹："鲁国山水之美胜似天堂啊！"弟子们尽情地观赏着艳丽春色。

恰在这时，一位长发披肩、衣衫褴褛，手脸不净的童子急急火火地赶来，扑通跪在孔子面前，叩头拜道："我从鲁国边乡而来，奉家父之命，特来拜师求学。只因家居穷乡僻壤，无钱交纳学费，不知夫子愿收我否？"

"嘻嘻——！"子路嗤之以鼻："边乡乃藏污纳垢之地，风气不正，不可理喻之徒甚多。你来拜师，岂不有损于夫子的名声！竖子不足于教，还不赶快走开！"

"不得无理！"孔子瞪了子路一眼，亲手拉起童子问："你叫什么名字？多大年龄？"

童子抱拳施礼答："我叫现成，字子棋，现年12岁。"

孔子问："你父为何让你找我求学？"

现成答："父亲把我的字定为子棋，希望我成为有学问的好男子，知仁达理，教化乡亲，匡正当地风气，造福桑梓，这正是家父让我拜夫子为师的原因。"

孔子微笑着点了点头，顺便问及一些字的写法和知识，现成竟会写会答。

看到老师对童子的亲热劲儿，子路以"提醒"的口气说："老师，对边乡之人，别人都躲而远之，还不让他赶快走开？"

"走吧，走吧！"还有几个弟子竟驱赶起来。

孔子严厉地批评："错了！你们全错了！我常讲，'君子成人之美'，难道你们没听明白吗？从求学的目的看，他父亲是个有见识的人，他能遵从父训，说明他既孝顺又聪明。老夫不收这样的人为弟子，还能收什么样的人做弟子呢？"

孔子话音没落，现成连忙跪地，一气叩了三个响头。

孔子再次拉起他，继续对弟子们说："从今之后，现成就是你们的师弟了！他避垢就洁，本是好事，为何看不到这种美德呢？你们要学习面前这塘清水的品格，既净自身，又能为别人洗污涮垢；至于现成家贫，更是不应嫌弃。我主张'有教无类'，不论求教者来自贫贱或富贵家庭，一律谆谆教诲！对于现成这样的贫寒有志气的孩子，免其学费且不说，我还要为其提供衣食呢！"

现成泪水扑簌。

弟子们感受颇深、深受教育。

现成和诸位师兄内心深处迸发出同一个强音：有教无类——高尚的师德！

故事

犯罪证据

冉阿·让，本是一个勤劳、正直、善良的人，但穷困潦倒，度日艰难。为了不让家人挨饿，迫于无奈，他偷了一个面包，被当场抓获，判定为"贼"，关进监狱。

出狱后，到处找不到工作，饱受世俗的冷落与耻笑。从此，他真的成了一个贼，顺手牵羊，偷鸡摸狗。

　　警察一直都在追踪他，想方设法要拿到他犯罪的证据，把他再次送进监狱。他却一次又一次躲脱了。

　　在一个大风雨的夜晚，他饥寒交迫，昏倒在路上，卞福汝主教把他带回家中供他吃住，但他等主教睡着后，却把主教房里的所有银器席卷一空。因为他已认定自己是坏人，就应该干坏事。

　　不想，在逃跑途中，被警察逮个正着，这次可谓人赃俱获。

　　当警察押着冉阿·让到教堂，让主教认定失窃物品时，冉阿·让绝望地想：

　　"完了，这一辈子只能在监狱里度过了！"

　　谁知主教却温和地对警察说：

　　"这些银器是我送给他的。他走得太急，还有一件更名贵的银烛台也忘了拿，我这就去取来！"

　　冉阿·让的心灵受到了巨大的震撼。

　　警察走后，主教对冉阿·让说："过去的就让它过去，重新开始吧！"

夫子之道，忠恕而已

原文

　　子曰："参乎！吾道一以贯之。"

　　曾子曰："唯。"

　　子出，门人问曰："何谓也?"

　　曾子曰："夫子之道，忠恕而已矣。"

——《论语·里仁》

译文

孔子说:"曾参啊!我的学说有一个核心贯穿其中,始终不变。"

曾子说:"是的,我明白。"

夫子离开后,别的学生问:"先生指的是什么呢?"

曾子说:"先生的思想,概括起来就是'忠恕'二字。"

做人哲学

有一次,孔子与曾参等弟子交流对自己学说的概括问题。

孔子问曾参:"老子以'天得一以清,地得一以宁'归结自己的学说。对于我的学说,你认为应怎样总结?"

曾参答:"弟子才疏学浅,不谙归纳,请老师赐教?"

"吾道一以贯之。"孔子恳切回答之后,又解释说:"曾参呀,一以贯之,就是用一个根本性的东西贯穿道理的始终。我的学说是以一个基本思想贯穿始终的。"

曾参说:"是的!"

孔子出了讲堂,同学们问曾参:"老师说的是什么意思?"

曾参说:"老师的学说,概括起来即为'忠恕'(即忠诚宽容)罢了。"

曾参进一步强调说:"换句话说,在老师的学说中,'忠恕'是实行'仁'的方法,是贯中老师全部伦理学说的重要思想。"

故事

忠诚不是愚忠

一家大公司需要招聘一位总经理助理,经过多项技能的测试之后,只有很少的几个人入围决赛。公司的总经理凯恩亲自主持决赛的测试，并告知应聘者决赛主要是测试他们的勇气和忠诚度。

第一位入围者被叫进凯恩的办公室，他信心十足地迎接测试。凯恩把他带到一个房间，房间的地板上到处都是碎玻璃，尖锐锋利。"脱下你的鞋，光着脚走到房间的那头，把那头桌上的测试卷答好后交给我！"凯恩说。这位男士迅速地脱下鞋，踩在碎玻璃上面走过去，当他把测试卷交到凯恩手中时，他的双脚已满是鲜血。然而，凯恩看都没多看他一眼，只对他说："去等通知吧。"

第二位入围者被凯恩带到了另一间锁着的门前说："房间里有一张测试卷，你去把它拿出来，答好后交给我。"这位男士推了推门，发现门上了锁，就立即向凯恩要钥匙。凯恩说："用你的肩膀把门撞开！"这位男士心想总经理要测试的是勇气，绝不能在总经理面前示弱，于是，他毫不犹豫地用肩膀撞门，直撞得肩膀红肿，才把门撞开。然而，他得到的仍旧只是一句"去等通知吧"。

就这样，一个接一个的"勇士"接受了凯恩的测试，但都没有得到确切的录用答复。

当最后一个入围者被叫进凯恩办公室时，他被带到一个房门前，房间里坐着一个上了年纪的老太太。凯恩对他说："把那个老太太手中的测试卷抢过来，并把她打倒在地，把试卷答好后交给我。"

"凯恩先生，你疯了吗？为了一张测试卷，我竟然要把一个老太太打倒在地！"

"我是老板，这是命令！"

"这样的命令让人难以接受，你简直是个疯子，这份工作我宁可不要，我不会执行这样的命令！"

凯恩一句话也没有说，又先后把这位入围者带到有碎玻璃的房间前和紧锁着的房门前，但他的要求都遭到了这位入围者的断然拒绝。最后，这位入围者非常恼火，准备打算离开这里。这时，凯恩当众宣布，这位入围者被正式聘用了。

那些伤痕累累的"勇士"很不服气地质问凯恩："他没有接受，算什么勇士啊！"

凯恩说："真正的勇士不是盲目地听从老板的话，敢于坚持正义和真理的，并愿意为之献出生命。你们出来的，既不是真正的勇气，也不是真正的忠诚，而是我需要一位敢于坚持真理，而不是愚昧地只忠于我的助理。"

有勇有谋

原文

子谓颜渊曰："用之则行，舍之则藏，唯我与尔有是夫！"

子路曰："子行三军，则谁与？"

子曰："暴虎冯河，死而无悔者，吾不与也。必也临事而惧，好谋而成者也。"

——《论语·述而》

译文

孔子对颜渊说："有人用就行其志，不用就晦藏。只有我和你能这样吧！"

子路说："如您统领军队，那么同谁在一起？"

孔子说："敢搏虎涉河，丢了性命也不顾的人，我不会与他共事。

必须是遇事则有所畏惧，善于以谋略求成功的人。"

做人哲学

子路是个粗人，勇猛无敌。

孔子问他："你喜欢什么？"

子路一拍腰间佩带的长剑，大声说："在下喜欢舞刀弄剑。"

孔子说："如果以你现在的本领，加之以学问，天下谁能比得上你呢？"

子路惊奇地问："学问也算是本领吗？"

孔子说："是啊，君主没有好的官员，就不能处理好政事；官员没有老师和朋友就听不到善言；马没有缰绳，鞭子就不能驾驭；本料没有准绳就不能锯直；人没有学问，就会沦为野人，和禽兽没有什么两样。所以做人不能不学习！"

子路不以为然地说："南山的竹子，生来就是直的，砍下来作箭，能穿破犀牛的厚皮。这样的说来，学习又有什么用呢？"

孔子耐心地答道："竹子削尖配上羽毛，再磨锐了箭镞，射入犀牛的厚皮不是更深吗？"

听了孔子的教导，子路重新做人，研习学问，以文养武。

故事

风与太阳

一天，北风与太阳争论谁的能量大。

太阳说："万物生长都需要我，我是宇宙的中心，我的能量无人能敌！"

　　北风反驳道："我所到之处声势浩大，人们见到我都避之不及，我还能发电……"

　　两个人争论不休，最后它们看下面有一个行人，于是决定要是谁能让行人脱下衣服谁就是力量最强大的。

　　北风憋足了一口气，猛烈地刮，路边的树木左右摇摆，灰尘满天，那个行人扣紧衣服，急速地奔走起来。北风见此，认为自己还没有使出全部的力量。于是，刮得更猛了。行人冻得瑟瑟发抖，连忙把衣服裹得紧紧的，还戴上了遮风的帽子。

　　北风刮疲倦了，太阳微笑着说："你这样是不行的，还是看我的吧!"说完，它把温和的阳光洒向大地，刚刚紧紧衣服的行人感受到了和煦的阳光，松开了衣扣，取下了遮风帽。太阳接着把温暖的阳光射向大地，在这样大好的天气里走路，行人渐渐觉得热，最后汗流浃背。脱下了身上穿着的衣服。

第八章　从政哲学

慎言慎行

原文

子张学干禄。

子曰："多闻阙疑，慎言其余，则寡尤；多见阙殆，慎行其余，则寡悔。言寡尤，行寡悔，禄在其中矣。"

——《论语·为政》

译文

子张要学求官职得俸禄的办法。

孔子说:"多听，有怀疑的地方先加以保留，其他有把握的，也要谨慎地说出来，这样就可以少犯错误；多看，有怀疑的地方先不做，其他有把握的，也要谨慎地去做，这样就能减少后悔。说话少过失，做事少后悔，官职俸禄就在这里面了。"

做人哲学

子张向孔子请教谋求官职得俸禄的方法。

孔子回答："慎言慎行。"

在孔子看来，人们很难杜绝言行出错和因此而后悔，只能减少言行出错，从而

减少后悔。所以慎言慎行利于谋官得禄。

在谈到慎言慎行时，孔子说："多听听，有疑问就保留，谨慎地谈谈无疑问把握的问题，就能减少语言错误；多看看，保留有争议的事，谨慎地办无疑问的事，就能减少后悔。言论少错误，行动少悔恨，官职棒禄就在其中了。"

故事

暖意

那天坐进一辆出租车，司机正在收听广播，是一个不新鲜的故事——某日某路口发生一起交通事故，肇事司机逃逸，撇下一个叫王伟的人在血泊中呻吟。一个不愿透露姓名的人把王伟送到了医院，值班大夫刘正在未收取王伟住院押金的情况下为他实施了手术……

"这年头，做点分内的事也能混个名人当当。医生嘛，可不就得救死扶伤，不收押金救条命也值得上喇叭吹！"司机愤愤不平地说。

电波继续传送：王伟脱离危险后居然不辞而别，身后，欠下了上万元的医药费……

这个不仗义的东西。唉，这年头，啥样的人都有。有些人呢，就是不配念那一撇一捺快听，要通缉那个王伟呢！"

女播音员的声音隐去，取而代之的是一个带有浓重南方口音的男声："王伟，你好，我是你的医生刘正。你现在在哪里？腿上的伤口没有感染吧？你走得那么匆忙，连声招呼都没有打，可把我们急坏了。王伟，我今天来到交通台的直播间，是想通过广播的方式尽快找到你。我不是向你讨要医药费的，我只是想对你说，你的腿骨上还留有两个金属夹，如果不尽快取出，你可能会面临截肢的危险……王伟，记着，你的医生刘正在博爱医院等你。"

侧脸看看那位饶舌的司机，只见他的嘴巴紧紧抿住，脸上写满感动。拐弯了，他很抒情地按了三声喇叭……

教之以德

原文

子曰："道之以政，齐之以刑，民免而无耻；道之以德，齐之以礼，有耻且格。"

——《论语·为政》

译文

孔子说："用政策、法令来管理，用刑罚来整治，百姓虽可暂免于犯罪，却缺乏耻辱之心；用道德来教化，用礼乐制度来规范，百姓不但有了耻辱之心，而且可使百姓自觉纠正错误。"

做人哲学

季孙氏治理鲁国，杀人，这人一定该当死罪；惩罚人，这人一定该受同样的惩罚。子贡说："季孙氏真是太残暴了！"

季孙氏听说后，便找到孔子处，问子贡："该杀的能不杀，该罚的能不罚吗？你怎么说我残暴呢？"

子贡说："你怎么不学学郑国的子产呢？他治理郑国，一年，被惩罚的人便大为减少；才两年，国内便没有犯杀头罪过的人了；三年下来，牢狱里空空如也，没有一个人。所以子产要死的时候，国内的人都要代替他去死。等到他死时，士大夫在朝中哭，商人在集市上哭，农民在田野里哭，大家都像死了爸妈一样。而你，我听说刚一得病鲁国的老百姓都很高兴，病刚好转，老百姓便都害怕了起来。你不残暴，怎么会是这个样子呢？"

说话时，又来了两个打官司的人，一问是儿跟老子。

季孙氏说："你看看，儿子跟老子打官司，这还不该杀吗？"

孔子讲："你不能杀！老百姓不知道儿子跟老子打官司不合道义已不是一天了！关键是当官的都这样，不听老子话，顶撞老子，已经习以为常。假如当官的不这样，儿子跟老子打官司这种情况就不会出现了！"

季孙氏说："你们一直讲孝，要拿孝道来治理国家，现在我先把这个不孝之子杀了，让大家都有所警戒，怎么不可以呢？"

孔子说："不对，一仞高的墙，人爬不过去；百仞高的山，小孩都能上，因为山是慢慢坡下来的。现在我们鲁国的社会风气，就像这山一样，仁义一天天衰微，怎能叫老百姓不逾越呢？当官的自己要以身作则，引导教化老百姓使他们知道哪样应该，哪样不应该，这之后才能讲到刑罚。这就像乘马，马没有笼头，不知往哪儿走，你用鞭子去打它，有什么用呢？自己累得要死，马更受到了损伤。现在鲁国就是这样，当官的越是成天忙，老百姓越是多受苦！"

季孙氏听孔子这样说了以后，便放走了告状的父子。孔子学生子路这时是季孙氏家臣，看季孙氏让步十分不高兴，便冲着老师问道："儿子告老子，这是合乎道义的吗？"

孔子心平气和地说："不是这样。"

子路说："那么先生作为君子，怎么能免除对他的惩罚呢？"

孔子说："事先没有对人劝诫，就责罚人，按你的规矩做，这叫'虐'；起先懈怠，忽然来限定期限，这叫'暴'；不加教育就加以杀戮，这叫'贼'。作为君子治理老百姓，一定要避开这三样！教化百姓要和颜悦色，面带笑意，不要怒气冲冲。"

故事

面对成熟的橘子

几年前，赵先生来到世界闻名的高科技区"硅谷"——美国加州的圣何塞市。

自从赵先生抵达加州之后，他发现加州的气候得天独厚，这里空气清新。

一天，赵先生正在随意漫步，突然，觉得眼前忽然一亮，出现了一条金色大道，人行道上种的是一株株橘树，沉甸甸、黄澄澄的橘子挤满了枝头。花旗蜜橘是世界闻名的鲜果，今天，在美利坚合众国的土地上见到它，赵先生感到非常亲切。突然，他想到一个问题：这些橘子已经长熟了，怎么还长在树上？是因为它酸，所以没有人采吗？他决定问个清楚。

赵先生沿着橘子树来回足足兜了半小时，无奈无一过往行人，他只好调转方向准备回到住处。这时，他突然见前方一个背着书包、脚踩旱冰鞋的学生模样的孩子正奋力而有规律地甩动着双臂朝自己滑来。

赵先生有礼貌地对孩子说："劳驾，孩子，你能回答我一个问题吗？"

美国孩子大多数是活泼大方不见外的。孩子见到有人要他回答问题，马上把旱冰鞋尖向地上一点，来了一个急刹车，说："当然可以。"孩子拿出手帕擦着汗水说："只要我知道的。"

"圣何塞的橘子是酸的吗？"赵先生指着橘子树直率地问。

"不。"孩子摇摇头自豪地说，"这里的橘子可甜呐！"

"那你们为什么不采来吃？"赵先生指着一个熟透的橘子说，"让它掉在地上烂掉多可惜。"

"对不起，先生，我该怎么回答你提出的问题呢？"孩子摊摊手，耸耸肩笑着对他说，"我为什么要吃路边的橘子呢？它不是属于我的。"

孩子说着和赵先生挥手道别，又开始他有规律地甩动双臂向远处滑去。

"这不是属于我的。"望着早已远去的孩子的背影，赵先生寻思着这个简单朴素。但又饱含社会公德准则的语言，这是闪闪发光掷地有声的语言呀！

身正令行

原文

子曰："其身正，不令而行；真身不正，虽令不从。"

——《论语·子路》

译文

孔子说："领导者自身行为端正，不发命令，事情也行得通；若是他自身不端正，即使发布命令，百姓也不会听从。"

做人哲学

宓子贱将要治理单父这个地方，担心说客在鲁君面前乱说，干扰自己施政，在将要离开鲁君时，向鲁君要了两个身边的小吏作为书记员，一道来到单父。

新任长官到来，单父地方上的官吏自然要一起来拜见。宓子贱要小吏在旁做记录，却时不时扯动小吏的肘部，摇动小吏的胳膊，使小吏没法记录，借此而向小吏发火。小吏感到委屈，于是便告辞，回到了鲁君身边。

小吏把情况向鲁君做了汇报。鲁君听后感慨地说："宓子贱这样做，目的是提醒我，说我身边有捣蛋的人，会干扰他施政。要不是你俩去，我恐怕就要犯这个过错了。"

鲁君为使宓子贱放心，特地派自己最宠幸的人到单父，告诉宓子贱说："从今以后，单父不单归鲁君管，亦归你管，有什么好的措施有利于单父治理，你尽可以自己决定。五年下来，再把主要的东西向鲁君汇报一下。"宓子贱听后，高兴地应允了。

宓子贱于是便实施了自己的政策。

过了三年，巫马期穿着短的粗布衣，披着一件破烂的蓑衣，装扮成普通百姓的样子，到单父看看有什么变化。夜里，他见一个打鱼的人把打到的鱼放回到水里。巫马期间他："你打鱼不就是为了得到鱼吗？怎么打到又放掉了呢？"

打鱼人说："宓子贱不让我们捕捉小鱼，我刚才放的都是小鱼。"

巫马期把这告诉了孔子，孔子说："宓子贱的仁德很高了，能使一般百姓在黑暗中做事就像有严酷的刑罚在旁边一样。"

巫马期问："宓子贱怎么能做到这种地步呢？"

孔子说："我曾经跟宓子贱说过：你在这儿表示诚信，别人就会在其他地方效仿！宓子贱在单父肯定是这样做的。"

恭敬持身

原文

子张问："士何如斯可谓之达矣？"

子曰："何哉，尔所谓达者？"

子张对曰："在邦必闻，在家必闻。"

子曰："是闻屯，非达也。夫达也者，质直而好义，察富而观色，虑以下人。在邦必选。在家必达。夫闻也看，色取仁而行违，居之不疑。在邦必闻，在家必闻。"

——《论语·颜渊》

译文

子张问："读书人怎样才可以通达呢？"

孔子说："你所说的通达是指什么呢？"

子张回答说："在国家有名望，在家乡也有名望。"

孔子说："这叫名声而不叫通达。所谓通达，是品质正直追求正义，善于察言观色，谋事考虑下情。为国家服务通达，在家乡中也通达。只追求名声，表面仁善而行动上违背，并且心安理得。为国服务会有恶名，在家乡也会有恶名。"

做人哲学

子张是孔子的学生，是一个积极追求闻达于世的人。一天他问孔子说："怎样才能做官呢？"

孔子说："做官最难得的就是使自身平安并获取美好的名声了。"

子张接着问："如何才能使自身平安并获得美好的名声呢？"

孔子说："君子做官有六条应该遵守的行为：有好处的时候不要自己独占；教育不聪明的人的时候，不要超过他的接受能力而贪图快速；已经出现过的错误不要再犯；话说错了不要强词夺理地为之辩解和顽固坚持；是非曲直不易辨明的官司不要乱判；日常事务不要往后推脱。"

子张问："老师认为仅仅这样就够了吗？"

孔子说："不够，君子做官还有七条是应该避免的：愤怒的时候不要责怪他人，否则矛盾就会由此产生；不要拒绝他人的规劝，否则考虑事情就会过于片面；不要对别人不恭敬，否则的话，就会丧失礼貌；不要懈怠懒惰，这样就会错过时机；不要铺张浪费；不要不顾团结而破坏合作，这样事情会因此而做坏；不要做事情没有条理，否则就会乱忙一气，争执也会因此而酿成。"

子张又问："夫子认为是不是做到这些就够了呢？"

孔子说："不是这样的，为政要把应该遵行的六条和应该避免的七条熟记在心，还要把这些原则体现到自己的为政实践中，分辨清楚什么是好的，什么是坏的，然后趋利避害。这样做，你不要求人民报答，人民也会归附你，政事也会处理得当，就能够使自身平安并且获得美好的名声了。"

故事

老人和陌生人

一位老人坐在一个小城镇边的公路旁。一位陌生人开车来到他的身边，把车停下来，向他问道："老人家，请问该到什么镇？住在这里的居民属于哪种类型？我正想决定是否搬到这里居住。"

老人抬头望了一下这位陌生人，反问到："你刚离开的那个小镇上住的人，是属哪一类的人呢？"

陌生人回答说："住的都是些不三不四的人。我们住在那儿感到很不愉快，因此打算搬到这儿来居住。"

这位老人说道："先生，恐怕你会感到失望了，因为我们镇上的人跟他们完全一样。"

过了不久，又有另一位陌生人向老人打听同样的情况，老人又反问他同样的问题。这位陌生人回答说："啊，住在哪儿的人都十分友好，我的家人在那儿度过了一段美好的时光，但我正在寻找一个比我以前居住地方更有发展机会的城镇，因此我们搬出来了，尽管我们还很留恋以前那个地方。"

老人说道："年轻人，你很幸运。在这里居住的人都是跟你差不多的人，相信你会喜欢他们，他们也会喜欢你的。"

安于贫贱

原文

子曰："士而怀居，不足以为士矣。"

——《论语·宪问》

译文

孔子说："知识分子留恋安逸的生活，那便不配做知识分子。"

做人哲学

孔子一向注重对学生的为政做官能力的培养，经常教导学生一些为官从政的道理。

有一天，学生子张问孔子说："夫子教导我们怎么为官的道理，我有些体会了。夫子能再告诉一些为政的道理吗？"

孔子回答说："君子治理民众，不要用很高的标准来要求他们，不要用很远的目标来诱导他们，也不要强迫他们做他们无法做到的事情。现在如果去拿前代圣君名主成功的事例给他们看，人民只会崇敬，而不会欢迎，如果拿多少年才能建成的功业去诱导他们，他们就会忧愁，进而逃走。"

子张说："弟子诚恳地接受您的教诲。"

孔子接着说："你一定要记住，水如果太清了就会没有鱼，人如果过于明察就会没有徒众。所以古时候帝王的皇冠前面垂着玉串，就是为了不使他们的眼睛太过于明察，用耳塞来塞住耳朵，就是为了不使他们的耳朵过于尖利。因此人民中间出现了邪恶就把它扶正过来，使他们有所收获。要实行宽大的政策，使他们自己寻求自身的不足。要根据民众的水平来教授他们道理，使他们可以独立思索，自己寻找方向。人民犯了小的错误，不要千方百计地寻找他的错误，而是要根据他的善行来赦免他，使他就像死人获得重生一样，这样他一定会越变越好。而这也就是实行仁政啊！"

子张听后诚恳地对孔子说："夫子说得太好了。"

孔子说："因此你要想使自己的话语被人相信，最好是先虚心接受别人的意见；要想使政令迅速得到执行，最好是自己先做出表率；要想使人民尽快服从，最好是用正确的道理教诲他们。如果你能够做到这些，而不是苛责民众的话，就会成为一个好的执政者！"

故事

居里夫人退回奖学金

居里夫人在法国读书时生活十分贫困，由于成绩优异，她的祖国波兰"亚历山大基金会"颁布给她 600 卢布的奖学金，资助她在法国继续学习。

参加工作后，居里夫人在研究钢铁的磁化方面获得了成功，法国科学家协会发给她一笔酬金。尽管那时居里夫人的生活不富裕，但她除了用这笔钱购置实验仪器外，余下的款额全部寄回给波兰的"亚历山大基金会"

居里夫人这么做的意图是什么？当时她又是怎样想的呢？这些问

题居里夫人后来在给"亚历山大基金会"的信件中是这样解释的，她说：

"我把你们的奖学金看成光荣的借款，它帮助我获得了初步的荣誉。借款理应归还，请把它发给生活贫寒而立志争取更大荣誉的波兰青年！"

贪利则败

原文

子夏为莒父宰，问政。

子曰："无欲速，无见小利。欲速则不达，见小利，则大事不成。"

——《论语·子路》

译文

子夏做莒父之地的长官，问怎样管理政事。

孔子说："不要想很快有成就，不要贪图小利。想速成反而达不到预期的效果，贪图小利做不成大事。"

做人哲学

孔子有两个学生在地方当长官，一个名叫子贱，在单父当县令。

一个是孔子的侄子，叫子蔑，任邹邑县令。

有一天，孔子带着颜回等几个学生，坐上牛车去检查两个学生的政绩。

他们一行人先来到邹邑。在路上经过一片荒地时，孔子就叫颜回去问一个农民："已是春天下种的时候了，为什么让地荒着不种东西啊？

那汉子见有人来问，就哭丧着脸说："县令规定，农民每家要是缴不上半数以上的田赋，就不许耕种。去年遇上灾荒，没有收成，拿什么缴赋税呀？交不上赋税，地就种不得，所以就荒着了。"

孔子听了在车上仰天叹息道："这不是本末倒置吗？"

孔子一行来到邹邑县府。子蔑早就知道是老师来了，就在府上摆了一桌丰盛的酒席欢迎叔父兼老师和同学们。

酒足饭饱之后，孔子问子蔑："你说说看，这一年里当政有什么得失？"

子蔑答道："没有所得，只有三失：一是不能跟随在你的身边专心学习，二是薪俸太少不够开销，三是公事太忙没有时间与朋友来往。"

孔子听了就耐心教导说："做官最要紧的是要关心百姓的疾苦。要兴修水利，减轻赋税，让百姓旱涝保收，生活安定。生活安定了诉讼就少，你的事务就不会太忙，就有时间交友和学习了。"

子蔑恭敬地说："一定记住叔叔的教导。"

第二天，孔子又去单父看望子贱。进入单父境内，只见一路沟渠连接，庄稼茂盛，孔子心里很高兴。师徒的车子来到一条河边，见一个老汉正在河里捕鱼。只见他——网下去捕了不少小鱼，但都又放回河里，一会儿又打上一条大鱼，又放回河里。

孔子纳闷，就上前问老汉什么原因。

老汉说："小鱼还没长大，大鱼正要产子。"

孔子问："这是你们县上规定的吗?"

老汉说："是啊,而且县令自己也是这样做的。"

孔子听了说："真是身教重于言教。"

孔子一行来到单父城里。忽然看见在一家药铺前,一个十几岁的孩子正在与一个老汉争执,孔子便上前问个究竟。原来这个孩子的娘病了,他请医生来看病,医生见他家穷,不仅不收钱,还给他一块银子去抓药。孩子来到老汉的药铺抓药,老汉收了孩子一半药钱,把剩下的碎银找还给孩子。孩子心急,出门时绊了一跤,把碎银丢了。老汉出来捡起碎银,心想,这点银子是不够治病的,另外给孩子一锭大银子。但孩子不要,说这不是他丢的,二人为此正在争执。

孔子听了十分感慨,对孩子说："既然是老人家诚心送你的,你就收了吧。"

颜回也感动地说："道德盛行的地方就会天下太平,道德薄弱的地方就会天下大乱。"

一行人到了县府,子贱出来迎接。师徒坐下后,孔子也问子贱:"你当政一年来有什么得失?"

子贱回答说："我没有失去什么,倒是有三得。第一,能把老师的教导付诸实施;第二,有了薪俸可以帮助朋友解决困难;第三,没有太多的事务,没有什么官司,就有时间与老百姓交往,继续学习了。"

孔子听了感叹地说："子贱真是个君子,只有自己有君子般的修养,才能使百姓安居乐业啊。"

故事

达·芬奇"磨洋工"

达·芬奇,这是怎么搞的? 一天到晚溜溜达达往外跑! 米兰某修道院的副院长满肚子不高兴。他愤愤地跑到上司大公那里告了一状：达·芬奇在绘画中三天打鱼两天晒网，八成是在"磨洋工"呢！

这件事发生在达芬奇创作名画《最后的晚餐》的时候，为了画好这幅画，达·芬奇真是费尽了心血。画面要表现耶稣和他的 12 个门徒，其他人物都画好了，最后只剩下犹大这个叛徒的形象久久难以下笔。怎样才能更深刻、更传神地刻画出犹大的卑污、奸诈呢？达·芬奇整天钻至米兰最肮脏的角落去寻找理想的"典型"，所以他不得不将工作一停再停。

大公将达·芬奇和那位副院长叫来，一起查问事情原因。达·芬奇把情况原原本本地讲了一遍，并说："有天资的人，在他们工作最少的时候，实际上是他们工作最多的时候，因为他们是在构思，并把想法酝酿成熟，这些想法随后就通过他们的手法表达出来。"

最后，达·芬奇表示："如果副院长硬让我马上画出来，在我至今还没有找到犹大理想的模特儿的情况下，只好就把这位副院长的尊容画上了。"

大公听了连连点点头称赞达·芬奇做得对，那位副院长只好红着脸溜走了。

学优则仕

原文

孔子四教：文，行，忠，信。

——《论语·述而》

译文

孔子从四个方面教导学生：学术，德行，忠诚，信义。

做人哲学

一天，孔子与两个品行最好的弟子颜回、闵损讨论"做官"与
"君子"问题。

颜回问："在做官问题上，有史以来都是世袭，老师为何强调
'学而优则仕'呢?"

孔子答："'学而优则仕'这种提法本身就是一个进步，是为了打
破有史以来的世袭贵族在做官问题上的垄断地位。世袭垄断做官的制
度将一些贵族庸人推上官位，他们是难以办好政事的。'学而优'做
官，则利于办好政事。如果说，一是先学习礼乐后做官，一是先做官
而后学习礼乐，二者选其一，我主张选用先学习礼乐的人。所以，我
所主张的'学而优则仕'，不惟出身，选贤任能，是想促进国家政治
向好的方面发展。"

闵损问："请老师再谈谈'君子'的问题吧。"

孔子说："'君子'原来的本义是国君之子、国王的儿子，即世袭
贵族。'君子'是他们的专用语。我所说的'君子'的含义与原义是
不同的。我认为，品行高尚的人即是君子。我这个提法，是为了打破
世袭的'高贵人'对'君子'的垄断。开办平民教育，不正是为了培
养德才兼备的'君子'吗? 所以，通往'君子'的道路不只是原来的
出身世袭，更宽的路是学习。学习与修养是通往'君子'的宽阔
大道!"

孔子与弟子讨论问题，总是设身处地，能把自己摆进去。他说:

"'做官'与'君子'这两个问题，都是涉及个人修养的重大问题，我和你们都应在这两个方面加强修养呢！"

的确，孔子的许多学生——包括出身低贱的贫困学生，品学兼优，做了官，成了著名的君子。

其实，中国后来的文官考试录用制度，即是以孔子的这一教育思想为基础的。

故事

富翁的为人

李嘉诚创业初期，条件非常艰苦，但他的员工很少跳槽。这是为什么呢？"你必须以诚相待，别人才会以诚相报，才会信任你。"从他常说的这句话中，我们似乎能找到李嘉诚用诚实把员工牢牢地凝聚在一起的原因。

1957 年，李嘉诚看准塑胶花市场潜力巨大，立即集中资金和技术力量，投入到塑胶在的生产中。很快，他的公司接到了许多外商大批量的长期订单。

其中有位外商觉得李嘉诚经营有方，产品物美价廉，希望大批量订货。为了供货有保障，这位外商提出，李嘉诚的公司必须寻找有实力的商家作担保。

这可难住了李嘉诚，他白手起家，一点背景都没有，去找谁作担保呢？跑了好几天都没有结果，他只好实话实说，毫不隐瞒：

"先生，我的确非常想和您长期合作，也非常想获得您的订单。但很遗憾，我实在找不到大的商家作担保。如果您介意这件事的话，您只好重新做出决定，我将尊重并充分理解您。"

这位外商沉默了片刻。说道：李先生，从您刚才的谈话中，不难看出，您是一个诚实的人。诚实赢得信任！我想，信任是互相合作的基础。

您不必找人担保了，我们现在就签合同。"

李嘉诚非常高兴，但他也有难处，这就是资金有限，一下子完成不了那么多订单。李嘉诚不得不把这一实情再次如实地告诉了这位外商。

这位外商听了李嘉诚的话，不但没有取消所签订合同的意思，反而更加痛快地拍板道："李先生，现在我更加肯定，您是一位值得尊敬和信任的人。我愿意提前付款，为您解决资金的难题！"

李嘉诚就这样依靠自己的诚实，赢得了外商的信任，从而赚到了一笔数目相当可观的钱。从中他领悟到，"信誉第一，以诚待人"是经营当中应当遵守的金科玉律。

清正廉洁

原文

子贡曰："如有博施于民而能济众，何如？可谓仁乎？"

子曰："何事于仁？必也圣乎！尧舜其犹病诸。""夫仁者，已欲立而立人，已欲达而达人。能近取譬，可谓仁之方也己。"

——《论语·雍也》

译文

子贡说："如果能广泛地施济于人民，怎么样？能称得上仁善吗？"孔子说："岂止是仁善！必定是圣人了！尧舜还担心做不到呢！""所谓仁，就是为了自我存在先要使别人存在，自己想发达，先要使别人发达。能做到这一点，可以说就得到了实践仁德的方法。"

做人哲学

鲁定公十年（公元前500年）岁初至春末，孔子就任司空，担起了管理国家建筑的重任。

孔子一上任，就与下属一起研究国家建筑领域的工作。孔子说："司空府所有公职人员都要清廉敬业，精通建筑行业的管理。要重点管好宫殿庙宇的维修，鲁都的规划及重点工程的建筑，还要尽力管好道路和桥梁的整修。"孔子要求："对上届司空安排大修的两座庙宇，要尽快做好收尾阶段的竣工验收和拨付银两的工作。"

孔子上任的当天晚上，一位40多岁的中年人来到孔子家里。正巧，孔子不在家，孔鲤接待了客人。

油灯下，那中年人谦和地说："我叫张富，是建筑工匠队的总管，现在正忙着两座庙宇的修缮后期工程，白天离不开现场，所以才凑晚上来拜见孔大人。"

孔鲤说："父亲没回家吃晚饭，明天，你可以去司空府或者去杏坛找他。"

张富又说了几句客套话，起身告辞，孔鲤热情地送客人至大街十章字路口。

孔鲤回到家里，发现客厅靠墙的地方放着一个灰色布包，打开一看，是 50 两银子，方知是张富暗自放下的。

第二天早饭后，孔子对司空府监视管理施工的差役说："你作为监差，对两座庙宇的维修质量要把好关。同时，务必把工匠队用工、用料核准，届时严格对账，绝不允许工匠队总管用行贿的办法，吃小亏沾大光，多领工、料款！"孔子还对有关事情做了具体安排。

"是，小人定按孔大人吩咐办理。"监差说完，去了工地。

竣工之日，孔子、监差与张总管一起验收。监差一一指出不合格之处，要求逐一补修，直到合格为止，张总管点头承诺，孔子面露悦容。

孔子对张富说："你对工、料要实报、实算，不许弄虚作假坑国家，否则……"张富点头称"是"，但疑云顿生，心里想，"难道孔司空是个吃鸡蛋不化黄的人？难道我的 50 两银子白送了？"

结账在司空府进行，张富算的工、料费是 800 两银子，而监差算的工，料费是 500 两银子。这时，张总管心里敲起了小鼓，心里说，"监差算的账与实账相符，他们是内行，看来，虚报冒领搞不成了。"

孔子要求对账，并对张总管说："若以少报多，我将取消你在鲁国的建筑资格！"

张总管一听瞒不得，便假惺惺地笑着说："孔大人莫生气，就以监差算的账为准吧，小人愿多为国家效力。"

监差说："我已给你准备了 550 两银子。"

张总管说："不，不！工、料款只需 500 两银子！"

"那 50 两银子是你送给孔大人的礼，孔大人得知后，立即将你送的礼交给我，让我在结账时退给你。当时，孔大人说，'张总管是出力的，挣点钱不容易，不必行贿。老实做人、忠实做事，也就够了'。"监差说。

张富眼里冒出了泪花，吃惊地说："真没想到，天下还有孔大人这样的清官！"

故事

没有围墙的花园

　　米卡尔是美国北加州有名的富翁，他有美丽的洋房和大片的花园。但米卡尔也有一个令自己头痛的难题：这么多的财富肯定有好多人在打自己的主意。怎么办呢？于是米卡尔让仆人在房子四周筑起高高的围墙。

　　春天一到，花园里鲜花怒放，浓香飘过围墙，令全镇的人都很神往。几个好奇的孩子想：院子肯定种着奇花异草。听说有一种长着眼睛的花还会给孩子唱歌呢。于是孩子打起主意，决心探个究竟。

　　一天夜晚，孩子们搭起人梯跳到院子里，他们在花丛中寻找着，踏坏了许多花和草。后来，他们被仆人发现，赶出院子。

　　富翁很生气，把这件事讲给朋友听。

　　朋友笑着说："为什么不把围墙拆了呢？"

　　富翁说："那我会丢失很多的财产！"

　　朋友笑了，说："连一群孩子都拦不住，何况身手不凡的大盗呢！"

　　富翁听从了朋友的劝告，拆了围墙。于是孩子们首先冲入花园，他们仔细寻物心中的神花，结果根本没有什么奇花异草。富翁的朋友把孩子们请到客厅，并让他们美餐了一顿，然后对孩子们说："在花园中种下你们心中的神花籽吧！"孩子们高兴地跑到花园里去了。

　　富翁因为拆了围墙，全镇的人都可以欣赏到花园的美丽。富翁得到了全镇人的爱戴和尊敬。

　　一天，一伙大盗闯入米卡尔的家，准备将他家洗劫一空，刚闯入花园不远就被守护神花的孩子们发现。一个小孩跑到洋房报告情况，另一个小孩去镇上通知大人们。结果大盗们被及时赶到的富翁和镇上的人们捆绑起来。

庆功宴上，富翁对所有人说："我要感谢你们，你们使我懂得了一个伟大的道理，——这个世界上只有敞开的花园最安全最美丽。"富翁的话博得了所有人最热烈的掌声。

行之以忠

原文

子张问政。
子曰："居之无倦，行之以忠。"

——《论语·颜渊》

译文

子张问执政。
孔子说："身居官位不懈怠，施行政事尽忠诚。"

做人哲学

鲁定公十年（公元前500年）春夏之交，孔子升任鲁国大司寇。

刚一上任，人命案件层出叠见。第一天，大司寇孔子就遇上了三桩积存下来的杀人案。三个杀人犯皆于当日被捉拿归案，审清问明，画供之后，被打入死囚，听后发落。

第一桩案件是李大虎杀人案。

大夫李森的儿子李大虎因与赵泗之父赵良老汉发生口角，其劣性发作，一怒之下，杀死赵良。

当晚，李森大夫找孔子，为儿子说情，请求为自己的独生子留条生路。

孔子说："你、我是同窗好友，少儿之时，我家贫困，你时常给我帮助，咱兄弟之间是有深情厚谊的，丘终生难忘，亦会厚报。只是在这件事上，不便通融。你、我都是国家的大夫，都被人称为君子。如果咱二人因私枉法，不都变成'伪君子'了吗？况且，国法也不允许啊！"

"难道学弟真的拒情？"李森大夫问。

"无可奈何呀！"孔子不太自然地回答。

第二天，叔孙大夫亲赴大司寇府为表侄李大虎讲情。孔子说："叔孙大夫是国家重臣，又与李大虎是亲戚，如不是人命关天，自然可以从轻发落。对李大虎这样的杀人犯如不处死，你、我怎向文武百官和黎民百姓交代？"

叔孙大夫问："莫非夫子真要拒情了？"

孔子难为情地回答："实不得已，大人海涵！"

第二桩案件是鲁都财主陈大富的儿子陈欧根逼债杀人案。

陈财主向大司寇行贿 1000 两纹银，欲挽救儿子的性命，孔子当即拒贿。

第三桩案件是鲁都南郊地痞侯发为霸占邻村的岳秀娥，害死岳秀娥丈夫案。

侯发的父亲侯敬于儿子被打入死囚的第二天夜里，去大司寇家里求情，并送一名 17 岁的姣貌丽质的少女，提出以她换取儿子的一条命。孔子怒斥侯敬的可耻做法，并当面拒色。

孔子上任大司寇的第七天上午，在曲阜西门外，将杀人犯李大虎、陈欧根、侯发验明正身，依法斩首示众。

"拒情、拒贿、拒色！上任'三拒'，真了不起！"

"无私无畏，为民除害！"

"清官孔子！孔子清官！"

赞语传遍了鲁国城乡。

故事

称职的贸易代表

1923年5月，柯伦泰被任命为苏联驻挪威全权贸易代表。当时，苏联国内急需大量食品，柯伦泰奉命与挪威商人洽谈购买鲱鱼生意。挪威商人十分清楚苏联的情况，想乘机捞一笔，索价昂贵，柯伦泰竭力与其讨价还价，无奈双方距离较大，谈判陷入僵局。柯伦泰心急如焚，怎样才能以较低的价格成交呢？她苦思冥想。这天她又与商人会晤，以和解的姿态，主动做出让步。

她十分慷慨地说："好吧，我同意你们提出的价格。如果我的政府不批准这个价格，我愿意用自己的薪水来支付差额。"挪威商人被她的态度惊呆了。

柯伦泰继续说："不过，我的工资有限，这笔差额要分期支付，可能要支付一辈子。如果你们同意的话，就这么决定吧！"挪威商人从未听过这样的事，也没有见过这样全心全意为国效力的人。他们为她的言语所感动，经过一段时间的考虑后，挪威商人终于答应降低售价，签订协议。

凭着柯伦泰的忠诚和才干，她赢得了苏联人民的信任，第二年被任命为驻挪威全权大使，成为世界上第一位女大使。

　　在工作中，人人都应该有一种牺牲奉献的精神，这样才能将工作做到最好。

<h2 style="text-align:center">樊迟问仁</h2>

原文

　　樊迟问仁。

　　子曰："爱人。"

　　问知。子曰："知人。"

　　樊迟未达。

　　子曰："举直错诸枉，能使枉者直。"

　　樊迟退，见子夏曰："乡也，吾见于夫子而问知，子曰'举直错诸枉，能使枉者直'，何谓也?"

　　子夏曰："富哉言乎！舜有天下，选于众，举皋陶，不仁者远矣。汤有天下，选于众，举伊尹，不仁者远矣。"

——《论语·颜渊》

译文

　　樊迟问什么是仁。

　　孔子说："爱人。"

　　樊迟问什么是智。孔子说："了解人。"

　　樊迟还不明白。

孔子说：“选拔正直的人，罢黜邪恶的人，这样就能使邪者归正。”

樊迟退出来，见到子夏说：“刚才我见到老师，问他什么是智，他说：‘选拔正直的人，罢黜邪恶的人，这样就能使邪者归正。’这是什么意思？”

子夏说：“这话说得多么深刻呀！舜有天下，在众人中挑选人才，把皋陶选拔出来，不仁的人就被疏远了。汤有了天下，在众人中挑选人才，把伊尹选拔出来，不仁的人就被疏远了。”

做人哲学

鲁定公十一年（公元前499年）的一天早朝后，季孙斯相国请大司寇孔子从弟子中推荐两名“擅政的贤者”，作为家臣。

孔鲤听到这一消息之后，暗自向父亲表达了入仕的心愿。孔子不语，瞪了儿子一眼。

不知是孔鲤拜托学兄为自己求情，还是巧合，曾点、颜路分别提请老师将孔鲤作为推荐入仕的人选。

曾点说：“孔鲤学弟有很多优点，比如心诚品端、谦逊勤学、与人为善等。老师现居大司寇要位，说话有分量，趁这个机会推荐孔鲤学弟入仕吧？”孔子说：“相国要选的家臣是‘擅政的贤者’，孔鲤不合格呀！”

颜路说：“只要老师说一声‘可以’，不就合格了吗？入仕这等好事，不先安排儿子还能先安排谁呢？”

孔子生气地批评二位弟子说：“尔等此言差矣！我常说思不出礼，行不离仁，难道你们都忘了！要知道，子路、冉求，还有一些弟子都有较高的从政才能，我应先推荐合格者入仕。正因孔鲤是我的儿子，我才应‘荐贤不荐子’呢！”

曾点、颜路虽然挨了批评，还是劝说老师接受自己的建议。

孔子果断地说："我意已决，先荐子路、冉求入仕。话说回来，即便是同样的条件，我也应先荐别的弟子。我常对你们讲'天下为公'，'远者亲，亲者疏'，方能为人师表，难道你们想让老师以权谋私、害仁损礼吗？"

老师把话说到这个分儿上，曾点、颜路不敢再持己见了。

曾点、颜路向闵损谈及这件事，闵损说："我们的老师从来都是心正德洁的仁人！"

故事

一瓶水打败对手

李晨和赵峰是工作上的死对头，他们为了实地预演提前来适应场景各自默默地在沙漠里行进着。

大约走进沙漠二十多里时，老天突然刮起狂风，整个大地被风暴抬来又埋下去，埋下去又抬起来……不知过了多长时间，风暴才消失了。为了在天黑前走出之沙漠，李晨强忍着周身的疼痛，从地上爬起来，举起水壶，想润一润干得冒烟的喉咙，哪知，水壶已经滴水不剩。

赵峰比他好多了，他的面前还摆着两小瓶矿泉水。见到水，李晨就动得全身发抖！李晨想：向他讨，他必然会向自己提出苛刻的交换条件向他买，在这个时候，他断然不会出卖自己的救命水！

如果没有水，恐怕会渴死在沙漠里。李晨害怕，他悄悄地潜到高成背后。这时，赵峰正把最后一瓶水递到嘴边。李晨一把夺过赵峰手中的水，提起自己的行李包就跑……

这天晚上，李晨翻完最后一道沙丘，一跟头跌倒在草原上的一堆篝火旁。等他醒来的时候，无意中摸了一下行李，却发现包里还有一瓶水。

李晨先是惊愕，继而羞愧得号啕大哭起来……

这瓶水是赵峰塞进他的行李包的。

招贤纳士

原文

仲弓为季氏宰，问政。

子曰："先有司，赦小过，举贤才。"

曰："焉知贤才而举之？"

曰："举尔所知。尔所不知，人其舍诸？"

——《论语·子路》

译文

仲弓做了季氏的家臣，问怎样管理政事。

孔子说："先责成手下负责具体事务的官吏，让他们各负其责，赦免他们的小过错，选拔贤才来任职。"

仲弓又问："怎样知道是贤才而把他们选拔出来呢？"

孔子说："选拔你所知道的，至于你不知道的贤才，别人难道还会埋没他们吗？"

做人哲学

就当官而言，仁者以举荐贤才为己任。子贡曾向孔子请教："当今大臣中哪一个最贤明?"

孔子说："我不清楚。以前齐国有的鲍叔牙，郑国有子皮，都是贤臣。"

子贡说："难道齐国的管仲，郑国的子产不是贤臣吗?"

孔子说："你只知其一，不知其二。你说，为国家推举人才的人更贤明，还是为国家出力的人更贤明?"

子贡说："为国家推荐人才的人更贤明。"

孔子说："对呀!我听说鲍叔牙推荐了管仲，子皮推荐了子产，没有听说管仲、子产推荐了什么人。"

举荐贤才跟仁有什么关系呢?想办法帮助一个贤才获得理想职位，他发挥的作用，可以让百姓普遍受益，是干了一件功德很大的事，可以说是仁中的大仁。所以，真正的仁士，的确可做到"内举不避亲，外举不避仇"。

故事

人才发现人才

某广告公司以高效率、高效益著称业内。据说其选拔人才的方法苛刻而奇特，但至今没有人知道细则。即使那些应聘落选者，对考试经历也是守口如瓶。

小王决定去试一次，若能进这家公司，将是很光彩的。选拔过程很简单:第一轮，指定一个题目，在规定的时间内设计一件作品。所有的考生能按时完成任务，然后由专家组评审，当天下午即公布入围者名单。

第二轮考试在第二天下午。仍然是指定一个题目，在规定时间内设计一件作品，不过应考者少了许多而已。小王心中暗笑：专家组决定我们命运，老一套了，没什么稀奇。

果然，时间一到，收了卷子，请专家组评审。不同的是，公司主考官要求小王闭门等待，并送来晚餐。

吃饭那当儿，10 个佼佼者谈笑风生，议论起外界对这家公司的传言，觉得好笑。明明是常规考试，带些运气的选拔赛，却说得那么神秘。或许这家公司善于故弄玄虚？

不足两小时，10 份作品皆评审完毕，主考官笑眯眯地将作品发还原作者，然后说："我公司向来重视专家的意见，但作为一种艺术品，你们也为广告设计倾注了自己的灵感与心血，因此，专家的评分只占此轮考试的50%，另一半分数由你们相互评审。"

大家都有些吃惊。然后便按主考官要求，各自带作品上前台展示一次，另外 9 人则在下边评分，并写出简略评语。当然，彼此不准交换意见考场出奇的安静。

另外 9 人中，至少有 3 人的作品令小王叹服，我不得不怀着复杂的心情给了他们高分和好的评语，因为小王相信：专家的眼光不会比他差，小王不能刻意去贬低别人……

最终。小王入选了，他感到有点意外，更意外的是，令小王叹服的那三个人中只有一名入选。小王简直怀疑专家组以及公司的眼光，但随后总裁与入选者的首次谈话令小王释然——最后十位考生，都是专家组眼中的佼佼者；而你们之间的相互评审，更能证明自身的能力与素质。庸才看不见别人的才华，情有可原；人才看不见人才，就很狭隘了！

企业不仅需要人才，更需要那些彼此欣赏、相互协作、团结共进的人才。

第九章　治世哲学

名正言顺

原文

孔子曰：名不正，则言不顺，言不顺，则事不成，事不成，则礼乐不兴，礼乐不兴，则刑罚不中；刑罚不中，则民无所措手足。故君子名之必可言也，言之必可行也。君子于其言，无所苟而已矣。"

——《论语·子路》

译文

孔子说："名分不正，道理就讲不顺；道理不顺，事情就办不成；事情办不成，礼乐制度就建立不起来；礼乐制度建立不起来，运用刑罚就不会得当；刑罚不得当，百姓就不知道怎么办好。所以君子必须先确定名分讲出道理，这样说出道理才必定行得通。君子对于自己的言论，不能有任何疏漏才行。"

做人哲学

卫灵公的夫人南子淫乱，灵公的儿子蒯聩刺杀南子未遂，被赶出卫国。卫灵公卒，蒯聩之子辄继位，是为卫出公。这意味着蒯聩与儿子辄之间必然存在着父子争夺君位的斗争。

在这个背景下，周游列国的孔子率部分弟子从楚国负函直接返回卫都帝丘，客居卫国。这一年是鲁哀公七年（公元前488年）。

一天，孔子给弟子们讲解"为政"之后，让大家提问题。

子路问："如果卫出公请老师去治理国政，您将先做什么？"

孔子回答："必然先正名分！"

子路惊讶地说："有这等事，老师真迂腐啊，名分有什么可正的呢？"

孔子说："好粗野啊，子路！君子对自己不知之事就不应发表意见。名不正，则言不顺；言不顺，则事不成……君子有一个名分就一定要说出和它相应的话来，说到做到。君子对自己的言论一点也不能马虎。"

孔子突出强调，名正言顺，才能把事情办成！

子路又问："老师，名称为何这么重要？"

孔子说："因为名称是和实质联系着的。在社会上，官位是一个名称，但又不仅仅是一个名称，官位就是权力。假如让你去治理中都，而不让你当中都邑宰，谁听你的？再如让你率兵打仗，不给你官位，你能把军队统帅起来吗？"

子路说："老师讲得好，我明白了。看来，'名正言顺'这四个字，既是处世准则，又是为政之道。"

故事

美国只有一个总统

1981 年春，当时身为副总统的布什正在一次飞往外地例行公务旅行的飞机"空军 2 号"上。突然布什接到一封密电，告知总统里根已中弹，正在华盛顿大学医院的手术室里接受紧急抢救。

飞机立即调头飞向首都华盛顿。

飞机在安德鲁斯着陆前 45 分钟，布什的空军副官约翰·马西尼中校对布什说："副总统先生。如果按常规在安德鲁斯降落后，再换乘飞机抵副总统住所附近的停机坪着陆，再驾车驶往白宫，要浪费许多宝贵时间。不如直接飞白宫。"

布什考虑了一下，决定放弃这个计划，仍按常规行事。

"我们到达时，市区交通正处于高峰期，"马西尼提醒道，"街道上的交通很拥挤，坐车到白宫要多花 10～15 分钟的时间。"

"也许是这样，但是我们必须这样做。"布什解释道，约翰中校，只有总统才能在南草坪上着陆。"

布什坚持着这条原则：美国只能有一个总统，副总统不是总统。

无信不立

原文

子曰："人而无信，不知其可也。大车无輗（ní），小车无軏

（yuè），其何以行之哉?"

——《论语·为政》

译文

孔子说："一个人不守信，就不知他还能做什么！正如一辆载重的牛车没有了车辕，一辆载人的马车没有了车轴，车子又如何还能行走呢?"

做人哲学

一天，孔子答弟子们问政。

子贡问："怎样做好国家的政事?"

孔子说："粮食充足，军备充足，黎民百姓就会信任政府。"孔子强调指出，足食、强兵、民信这三项抓好了，就能干好国家的政事。

子贡又问："如果迫不得已，要去掉一项，在这三项中去哪一项?"

孔子坚定地提出："先去掉军备!"

子贡还问："如果迫不得已，还要去一项，在这两项中又去掉哪一项呢?"

孔子又坚定地回答："去掉粮食这一项。因为，自古皆有死，民无信不立。就是说，自古以来人总有一死，没有粮食，至多不过是饿死罢了。但政府如果得不到人民的信任，那就什么都无法建立。说得更严肃一些，一个国家不能得到人民的信任就会垮掉。"

闵损说："'无信不立'这四个字有普遍意义，大至政府、国家如此，小至一个团体、一个人也是如此!"

子路道："'无信不立'。还可以理解为一个人不诚实守信，就站不住脚，就立不起功业！"

　　孔子肯定地说："子骞、子路的理解都是对的。希望大家牢记'无信不立'这句话，做诚信之人，立德兴业！"

故事

作家与做人

　　抗日战争时期，莱德勒少尉服役的美国海军炮艇"塔图伊拉"号停泊在重庆。这天，他兴致勃勃地参加当地举办的一种碰运气的"不看样品的拍卖会"。

　　那位拍卖商是以恶作剧而闻名遐迩的，所以当拍卖一个密封的大木箱时，在场的人都肯定箱里装满了石头。然而，莱德勒却开价30美元，拍卖商随即喊道："卖了！"打开木箱，里面竟是两箱威士忌酒，要知道这是战时重庆极珍贵的酒。于是，众人大哗，那些犯酒瘾的人出价每瓶30美元，却被莱德勒回绝了，他说他不久要被调走，正打算开一个告别酒会。

　　当时，在重庆的美国著名作家海明威也犯了酒瘾，他来到"塔图伊拉"号炮舰对莱德勒说："听说你有两箱醉人的美酒，我买6瓶，要什么价？"莱德勒婉言拒绝了。

　　海明威掏出一大卷美钞，说："给我6瓶，你要多少钱都行！"莱德勒想了一想说："好吧，如果你真的想喝的话，我用6瓶酒换你6堂课，教我成为一个作家，如何？"作家做了个鬼脸，笑道："老兄，我可是花了好几年功夫才学会干这行，这价可够高的。好吧，我看你还挺真诚的，那就成交了！"如愿以偿的莱德勒连忙递上6瓶威士忌。

　　接着的5天里，海明威不失信用地给莱德勒上了5堂课。莱德勒很为自己的成功得意，他以6瓶酒得到美国最出名的作家指点。海明威眨眨眼说:"你真是个精明的生意人。我只想知道,其余的酒你曾偷偷灌下多少瓶?"莱德勒说:"一瓶也没有,我要全留着开告别酒会用呢。"

海明威有事要提前离开重庆,莱德勒陪他去机场,海明威微笑道:"我并没忘记,这就给你上第6堂课。"在飞机的轰鸣声中,他:"在描写别人前,首先自己要成为一个有修养的人……"作家接着说:"第一要有同情心,第二能以柔克刚,千万别讥笑不幸的人。"莱德勒说:"这与写小说有什么相干?"海明威一字一顿地说:生活是至关重要的。"

正在向飞机走去的海明威突然转过身来,大声道:"朋友,你在为你的告别酒会发请柬前,最好把你的酒抽样检查一下!再见,我的朋友!"回去后,莱德勒打开一瓶又一瓶酒,发现里面装的全是茶水。他此时才明白,海明威早就知道了实情,然而只字未提。也未讥笑人,依然遵守之前的诺言,并且实现了之前的约定。此时,莱德勒才懂得海明威教导他要做一个有修养的人的涵义。

道义为准

原文

子曰:"君子之于天下也,无适也,无莫也,义之与比。"

——《论语·里仁》

译文

孔子说："君子对于天下之事，没有规定一定要怎样做，也没有规定一定不要怎样做，只以道义为准就行了。"

做人哲学

"季孙相国的财产堪比周公，冉求作为季孙的家臣，在季孙氏属地费邑附近的莒国实施田赋，搜刮民财，为季孙氏增加了更多的财富……"

"冉求不是孔子的弟子吗？他以民脂民膏讨好季孙氏，距仁德太远了！"

孔子在鲁都大街上听到这些舆论之后，气得七窍生烟。回到学堂，义愤填膺地对几位弟子说："冉求不是我的学生了，你们可以对他鸣鼓攻之！你们要大张旗鼓地攻击他！"

次日，孔子命弟子带着鼓，与有若、樊迟、公良瑞、曾参乘马车去冉求任职的莒国（鲁国的一个小附属国）。

在莒国南门外，弟子们击鼓一阵又一阵，把冉求批评一通又一通……

莒城南门守护人向冉求报告说："你的老师和同学在南门击鼓，怒气冲冲地评说你实行田赋的过错，已有一个时辰了。"

冉求命家人立即准备酒饭，并对下属说："原来我老师和同学对我误解了，才专门击鼓声讨我。现在，他们骂累了，也该消消气了。尔等快随我出城迎接。"

冉求来到南门，亲自开门，快步向老师走去……

孔子一见冉求，怒容满面地说："对你我已说过，'非吾徒也。小子鸣鼓而攻之可也！'我听说你辅佐莒公之后，向季孙相国纳贡赋比以前多了，多刮黎民血汗讨好季孙氏！你把仁义道德全丢了！有何面目见我！"

师弟们轮流发言，批评得也很激烈……

而冉求不争不辩，虚心听取。待老师和师弟都说完了，这才躬身施礼道："老师和各位师弟远道而来，一路辛劳，冉求不知，有失远迎，还请恕罪！门人禀报，我已命家人准备酒饭，快到家里歇息就餐。趁此机会，我亦可向老师禀报来莒为政情况，请老师和师弟们赐教。"

好话暖人解怨，孔子和弟子们的怒气有所缓解。孔子说："就这样，坐下来，便于把话说透。"

酒饭过后，冉求汇报说："老师和师弟们鸣鼓责骂我，我无怨无悔，因为我整天下乡穷忙，没能抽空回去向老师禀报，大家听到舆论，误会了，这都怨我不会办事。"冉求喝了一口茶，接着说，"情况是这样的，以前，莒国实行的也是周朝的井田制：把地块共分为九块，八块作为私田分给农民，农民承担劳役地租，一块当做公田由农民耕种，其收入作为租税上缴公家。结果，百姓劳役地租沉重，农民苦不堪言，而公田地荒减产，上缴很少，季孙氏想借此加重劳役地租。在这种情况下，我推行了初税亩，改劳役地租为实物地租，以土地面积为标准，庄户人家根据自己种地的多少，向田主纳税。这样一来，农民人身自由了，干活有劲了，早起晚睡，四季不闲，耕作及时，管理得当，庄稼长得好，连片的土地都丰收。当然，按规定，纳粮（即赋税）稍多了一些，但相应地，农民家里的粮食也增多了，比以前富足了，不再挨饿了。这样做，庄户人家满意，季孙氏也满意，不是一举两得吗？"

大家听了，默不作声。

停了一会儿，公良孺说了一句："这情况与在曲阜大街上听到的可不一样啊！"

对此，孔子也不加可否，只说了一句："返回！"冉求送些盘缠，又把老师和师弟送出莒城。

离开莒城，孔子下乡私访。多数农民的反映与冉求说的一样，家里的粮食多了，比以前富裕了。看来，农民对初税亩比较满意，都说冉求治政有方。但也有个别人仍然留恋井田制。

回曲阜的路上，有若问："老师，您看冉求的做法对吗？"

孔子面容严肃，没有作声。过了一会儿，轻轻地点了点头，意味深长地说："君子对于天下的事情不必拘泥于一个模式，应向好的方面发展。君子没有一定要怎样做，也没有一定不要怎样做的道理，应根据实际，怎样做合适便怎样去做。"

曾参说："从老师的这几句话中，我们又学到了新的东西！"

公良孺问："冉求是从政的优秀人才吗？"

孔子微笑着点了点头。

樊迟逗趣说："看来，我们对冉求'鸣鼓攻之'，还很有收获哩！"弟子们忍不住笑出了声，孔子也笑出了声。

故事

学会才能适应

很久很久以前，有弟兄两人，各置办了一些货物，出门去做买卖。他们来到一个国家，这个国家的人都不穿衣服，称作"裸人国"。

弟弟说："这儿与我国的风俗习惯完全不同，要想在这儿做好买卖，实在不易啊！不过俗话说'入乡随俗'。只要我们小心谨慎，讲话谦虚，照着他们的风俗习惯办事，想必问题不大。"哥哥却说："无论到什么地方，礼义不可不讲，德行不可不求。难道我们也光着身子与他们往来吗？这可太伤风败俗了。"弟弟说："古代不少贤人，虽然形体上有变化，但行为却十分正直。所谓'损身不损行'，这是戒律所允许的。"

于是弟弟先进入了裸人国。过了十来天，弟弟派人来告诉哥哥，一定得按当地风俗习惯，才能办得成事。哥哥生气了，说："不做人，要照着畜生的样子行事，这难道是君子应该做的吗？我绝不能像弟弟那样做。"

裸人国的风俗，每月初一、十五的晚上，大家用麻油擦头，用白土在身上画上各种图案，戴上各种装饰品，敲击着石头，男男女女手拉着手，唱歌跳舞。弟弟也学着他们的样子，与他们一起欢歌曼舞。裸人国的人们无论是国王，还是普通百姓都十分喜欢弟弟，相互关系非常融洽。国正把他带去的货物全都买下来了，付给他十倍的价钱。

而他的哥哥来了之后，满口仁义道德，指责裸人国的人这不对，那也不好。他的言行引起国王及人民的愤怒，大家抓住了他，把他狠揍了一顿，抢走了他的全部财物。多亏了弟弟说情，才把他救了出来。

知耻不辱

原文

子曰："笃信好学，守死善道，危邦不入，乱邦不居。天下有道则见，无道则隐。邦有道，贫且贱焉，耻也；邦无道，富且贵焉，耻也。"

——《论语·泰伯》

译文

孔子说："诚信好学，一生不离善道。不进入有危险的国家，不在发生祸乱的国家居住。天下太平就出来做事，天下不太平就隐居。国家太平，自己贫贱，这是耻辱；国家不太平，自己富贵，这也是耻辱。"

做人哲学

郑穆公有个女儿叫夏姬，嫁给陈国大夫御叔。

夏姬长得很美，陈国朝中的人物都对她垂涎，大家都以把她搞到手为荣。

夏姬本人生性浪荡，先后和陈灵公、孔宁、仪行父等公卿发生关系，并把自己贴身穿的内衣送给他们，作为纪念。

陈灵公、孔宁、仪行父都高兴得很，他们在朝中相互炫耀，把夏姬送给自己的贴身内衣穿在身上，脱下来让大家看。

朝臣泄治实在看不下去，便在事后向陈灵公进谏说："你们在朝中那样子太不成体统，你的爵位是公，孔宁、仪行父的爵位是卿，公卿在朝廷中公开宣扬淫乱，让老百姓知道了名声也不好。君王你还是把夏姬给你的那件贴身内衣收起来吧！"

陈灵公说："好，我改。"

事后陈灵公把泄治的话告诉了孔宁、仪行父二人，两人便跟陈灵公说要杀掉泄治。陈灵公没有禁止，于是泄治便被杀死了。

孔子主张采取什么样的态度当依据环境是否许可。他曾称赞宁武子，说他在国家太平时，便聪明；在国家情况不好时，便装傻。宁武子的聪明，别人能赶得上，可他那装傻的本事，别人就没法赶上了。

所以对泄治的做法，孔子是既惋惜，又不赞同的。

故事

布伦的境遇

布伦是美国最成功的电影制片人之一，但先后被 3 家公司革职，才体会到大公司的工作对他合适。他在好莱坞晋升为 20 世纪霍士公司第二号人物，后来建议摄制《埃及艳后》，不料这部电影卖座率极低。接着公司大裁员，他也被上司炒了鱿鱼。

在纽约，布伦进入新阿美利坚文库任编撰部副总裁，但是几位股东聘请了一位局外人，而他和这人意见不合，于是又被解聘了。

回到加州，布伦又进了 20 世纪霍士公司，在高层任职。后来，由于董事会不喜欢他所建议拍摄的几部影片，他又一次被革职。

布伦开始认真检讨自己的工作态度。他在大机构做事一向敢言、肯冒险，喜欢凭直觉处事，这些都是老板的作风而不是当雇员的作风。他痛恨公司的管理方式，也不喜欢企业的工作作风。

分析了失败的原因之后，布伦和柴纳克联手自立门户，摄制《大白鲨》、《裁决》等影片，都取得了成功。

布伦是一位失败的公司行政人员，但他天生是个企业家，只是过去一时没有发挥潜力而已。

摆正名分

原文

子曰："不在其位，不谋其政。"

曾子曰："君子思不出其位。"

——《论语·宪问》

译文

孔子说："不在那个职位上，就不谋议那个职位的政事。"

曾子说："君子考虑的事情不应超出自己岗位的范围。"

做人哲学

鲁哀公七年（公元前488年），孔子率部分弟子客居卫国，除讲学之外，对业已在卫入仕的子路、高柴随时督导，还指导子贡为鲁完成了一项重要外交使命。

这年春夏之交，颜回赶车，孔子带闵损去子路任邑宰的蒲地。出帝丘不远，只见土地干裂，尘土飞扬，小麦黄弱，春地白茬，给人凄凉之感。但入蒲之后，别有天地。田野里、沟渠旁、大河边，人声鼎沸，热火朝天，一派升平景象：有的挖沟筑渠，有的挖井，有的引水，有的担水，有的浇麦，有的保苗；小麦油绿，春播的各种作物苗全苗旺。孔子不由自主地赞扬："子路才上任不久，这就是政绩啊！"

第二天太阳落山时分，孔子来到蒲邑衙署，门人告诉："邑宰率全衙人员带着干粮下乡促百姓抗旱去了。"正说着，子路和衙皂们带着满身泥土，满脸汗水回来了。他一见到老师和两位师弟到来，喜出望外，乐而忘疲，顾不上吃饭，就向老师述职："……我除了留点吃饭的钱，把自己的俸禄全拿出来，让衙皂们买粮食，分送给挖沟筑渠的百姓。黎民得知是邑宰拿钱为他们买粮，都真心听从我的号令……"

孔子语重心长地说："仲由啊！我一进入蒲地，就看到了百姓的活力和农田的生机，心里很高兴，我祝贺你旗开得胜。但是，有三点，需要提醒：其一，你应奏请卫君开仓赈灾，以利动员蒲地饥民抗旱保苗。要懂得，普天之下莫非王土。应让黎民百姓感谢君侯和周天子，做到遵旨行事，这是邑宰的政治责任，也是大道理。你抽出俸禄补贴百姓，这固然是你对百姓施仁德，但不能声张，应把功劳记在君侯账上。再说，以这一点薪俸补民，无异于杯水车薪，解决饥民问题的根本办法在于谏君侯开仓赈灾。所以，切不可突出自己，以免引起君侯误解，使功变成过；其二，发展生产，造福黎民，还要开设作坊；其三，如需安排徭役，宜在农闲之时，如因役使百姓耽误了农时，即是对黎民的犯罪！"

"老师指导及时，仲由茅塞顿开。您不说，我还不知道摆正名分对为官者来说如此重要呢；开设作坊、徭役安排得当，都是为政良策呀！"子路感慨激动地说。

故事

职务与特权

美国军队中规定，凡是军人不能蓄长发。而黑格尔将军在担任北约部队的总司令时，却蓄着一头长发。有一名留长发的士兵看到画报上登载着一头长发的黑格尔将军的照片，就把它撕下来，贴在不允许他留长发的连长办公室门上。为了表示抗议，他还画了个箭头，并在旁边配了一行小字："请看他的头发！"连长看了这份别出心裁的抗议书后，并没有立即把这个愤愤不平的士兵叫来训斥，而是将那箭头延长到总司令的肩章处，并也加了一行小字："请看他的军衔"。

在工作上，和你的上司比较是毫无意义的，想要拥有某种特权，就要付出大量的努力，还要有在其位的能力。

儒者行为

原文

子张问仁于孔子。

孔子曰："能行五者于天下为仁矣。""请问之。"曰："恭、宽、信、敏、惠。恭则不侮，宽则得众，信则人任焉，敏则有功，惠则足以使人。"

——《论语·阳货》

译文

子张向孔子问仁。

孔子说："能够处处实行五种品德。就是仁人了。"子张说："请问哪五种。"孔子说："庄重、宽厚、诚实、勤敏、慈惠。庄重就不致遭受侮辱，宽厚就会得到众人的拥护，诚信就能得到别人的任用，勤敏就会提高工作效率，慈惠就能够使唤人。"

做人哲学

"儒"，先秦时期始定为读书人。儒家，特指主张礼治，强调传统伦理关系的孔子学派。当时，儒学在鲁国已有广泛深厚的影响。所以，孔子结束周游，自卫返鲁后，鲁哀公亲自登门拜访，专门向孔子请教有关"儒者"的知识。

哀公问："儒者的含义是什么？"

孔子答："真正的儒者，奋发学习，严格修养品德，努力实践所学所知，兼备仁者特质，随时为君王提供咨询、期待重用。"

哀公问："儒者的生活大体上是怎样的？"

孔子答："真正的儒者，住所整齐，衣冠端正，举止和顺慎重，为实现抱负而注意保健。"

哀公问："儒者的独特之处是什么？"

孔子答："真正的儒者，视忠信仁义的德行为无价之宝，不贪求财物，不沉迷游乐，不畏权势，面对利益不损德，面对死难不变操，不计较毁谤流言……"

哀公问："儒者如何自立？"

孔子答："真正的儒者，靠自己的德行自立。即使处于暴政之下，也不逃避，不躲藏，泰然处之；若君王启用，则全力尽职尽责；即使贫穷到极点，也不以权谋私；若君王不启用，亦不谄媚求仕。"

哀公问。"儒者的心态如何？"

孔子答："看重大道为公，不计较日常小的得失和人们是否赞誉；若出仕，则努力施展所学所思，注重选贤任能，不为求取报酬；居于上位，展施才能不自满，不会特别亲近赞扬自己的人；居于下位，刻苦学习不丧志，不会去排斥反对自己的人。这些便是儒者宽和的心态。"

哀公问："儒者如何交友？"

孔子答："真正的儒者，注重结交仁德礼义之友，互相帮助，彼此规劝，不因分离时久而产生隔膜、减损信任；天下政治清明，则互相提携推荐；天下政治昏暗，则携手共退。"

孔子最后突出强调："我回答的以上几个方面的儒者行为，是真正的儒者内心、外在表现，这与一般人嘲笑辱骂的那种古怪、迂腐，不通人情，不会干事的'儒者'毫无共同之处。"

哀公听毕，十分恭敬地说："原来，儒者如此伟大纯洁啊！今后，我将真心尊重儒者，再不拿'儒'字开玩笑了！"

故事

卡内基巧释前嫌

在一次盛大的宴会上，有一个平日和卡内基在生意上就存在竞争的钢铁商人大肆抨击卡内基，说了他许多的坏话。

当卡内基到达站在人群中听他的高谈阔论的时候，那个人还未察觉，仍旧滔滔不绝地数落卡内基。害得宴会主人非常尴尬，他生怕卡内基会忍耐不住，当面加以指责，使这个欢乐的场面变成了舌战的阵地！

可是卡内基表情平静，等到那抨击他的人发现卡内基站在那里，反而感到非常难堪，满面通红地闭上了嘴，正想从人群中钻出去。卡内基却真诚地走上前去，亲热地跟昔日的对手握手，好像完全没有听到他在说自己坏话似的。

他的竞争对手脸上顿时一阵红一阵白，进退不得。卡内基给他递上一杯酒，使他有机会掩饰一时的窘态。

第二天，那抨击卡内基的人亲自来到卡内基的家里，再三向卡内基致谢。从此他变成了卡内基的好朋友，生意上也互相支持。这个人还常常称赞卡内基，认为他是个了不起的大人物。使得卡内基的朋友都知道卡内基多么和蔼、多么慈祥，从而更加亲近他、尊敬他。

卡内基就是卡内基，受到对手的侮辱也不在乎，相反示以友好，拿出诚意，从而双方获得了交流，赢得了友谊。

卡内基和他的竞争对手的交情是一种"不打不相识"的交情，其中有宽恕、有忏悔、有慷慨的义气，有豪爽的侠情。

修己以安百姓

原文

子路问君子。

子曰："修己以敬。"

曰："如斯而已乎?"

曰："修己以安人。"

曰："如斯而已乎?"

曰："修己以安百姓。修己以安百姓，尧、舜其犹病诸?"

——《论语·宪问》

译文

子路问怎样可以成为君子。

孔子说："提高修养，恭谨待人。"

子路问："这样就行吗?"

孔子说："约束自己，以安定人民。"

子路问："这样就行吗?"

孔子说："约束自己，就能使百姓安定。约束自己，以使百姓安定——尧、舜能够完全做到吗?"

做人哲学

鲁哀公十三年（公元前482年）八月二十七日中午，颜回、闵跟孔子学做人损、曾参、颛孙师4位弟子为老师祝贺70大寿。席间，谈完"治学"之后，又谈到了为政、治世的问题。

曾参首先提出了新话题："老师，刚才您讲了自己一生治学的经历。今天，是您老人家70大寿，已在'而立'、'不惑'、'知天命'、'耳顺'的基础上，达到了'不逾矩'。我们的师兄师弟中，也有一批人进入了仕途，今后，还会有些同学去做官。要做到'不逾矩'，请问老师，'为官诀窍'是什么？"

孔子精辟地论述道："为政做官并非每人都行，既要有能力，还偷要掌握从政的基本知识。简单地说，'为官诀窍'是'八不'，即：不逾矩、不蛮干、不离仁、不塞言、不轻狂、不怠慢、不腐化、不专断。具体地说，不逾矩、不蛮干，就是办事不超越规定，不脱离实际；不离仁，不塞言，就是办事讲仁德，不堵塞言路；不轻狂，不怠慢，就是不高傲自大，不荒政失政；不腐化，不专断，就是清廉俭朴，能够听取不同意见，善于集思广益。按这'八不'去做，定会为政有为！"

颜回问："老师曾给我们谈及'治世之本'一词，请老师讲一讲'治世之本'。是什么？"

孔子回答："修七教，行三至，便是治世之本。这是君（王）行为。当然，也是官吏行为。"

颛孙师问："'七教'的具体内容是什么？"

孔子精神焕发，兴致勃勃地说："'七教'，即指敬老、尊齿、乐施、亲贤、好德、厌贪、谦让。修'七教'，即是通过深入教育，让以上七个方面形成风气，广泛推行开来。如果上层人士能做到以上

'七教'，上行下效，下层百姓也必然能够相应做到：孝敬双亲、友善百姓、宽厚待人、尊重人才、诚实守信、清廉勤政、奉公礼让。"

颛孙师又问："何为'三至'？"

孔子答："'三至'是指至礼、至赏、至乐。做到'三至'即说明君王推行仁政达到了顶点。实施至高无上的礼仪，可以达到天下大治；公正得体地实施奖赏，可令天下志士仁人尽责尽力；使用完美无缺的音乐，可使国人欢快和唱。"

"能够做到老师说的修'七教'、行'三至'，就会出现国家繁荣、人民安乐的盛景。这样的君王才是最圣明的君王！我们期待鲁国的国君和官吏能够这样做！"曾参感慨地说。

故事

我不能这样做

1918年，列宁遇刺，受了重伤。在医院治疗时，他无条件地遵守医院的规章制度，总是和别的病人一样，履行一切手续。

手术后的一天，列宁自己走到医院来换药。医生罗扎诺夫十分不安，说："何必您来呢？我应该到您那里去。"

列宁爽朗地答道："我现在反正什么事也不做，而你们都在工作。"

听了这话，医生和同志们们都很敬佩。

列宁虽经精心治疗，但还有两颗子弹留在体内。在严寒的冬日，医生建议给列宁的办公室和住宅安装电炉。

列宁笑着解释，拒绝了医生的好意："我可不能特别啊。在住宅安装电炉，这是违反政府命令的事情。怎么办呢？我看是不装为好。"

一匡天下

原文

子贡曰："管仲非仁者与？桓公杀公子纠，不能死，又相之。"

子曰："管仲相桓公，霸诸侯，一匡天下，民到于今受其赐。微管仲，吾其被发左衽矣。岂若匹夫匹妇之为谅也，自经于沟渎而莫之知也。"

——《论语·宪问》

译文

子贡问："管仲不能算是仁人了吧？桓公杀了公子纠，他不能为公子纠殉死，反而做了齐桓公的宰相。"

孔子说："管仲辅佐桓公，称霸诸侯，匡正了天下，老百姓到了今天还享受到他的好处。如果没有管仲，恐怕我们也要披散着头发，衣襟向左开了。哪能像普通百姓那样恪守小节，自杀在小山沟里，而谁也不知道呀。"

做人哲学

如何以'仁'的标准评价政治人物呢？"弟子们问。

孔子说："我讲一讲齐桓公（公子小白）与鲍叔牙、管仲的故事，你们从中琢磨吧。"

弟子们聚精会神地听老师讲述这个政治故事：

齐襄公时期，因襄公腐化堕落，横蛮凶暴，齐国发生内乱。襄公的弟弟公子小白在鲍叔牙的辅佐下逃至莒国，襄公的另一个弟弟公子纠（小白之兄）在管仲辅佐下逃奔鲁国。不久，襄公的堂弟公孙无知联合几个对襄公不满的人，起兵杀掉襄公，自立为齐君。齐国大夫雍林杀死无知，齐国一时无君。这时大贵族国氏、高氏派人召小白回国。鲁国得知齐国无君时，准备派兵护送公子纠回国。管仲为保公子纠登上君位，亲率鲁军去莒国，武力阻止公子小白回齐。在莒国边境，管仲正遇上鲍叔牙和小白乘马车返齐。管仲当机立断，取箭射向小白，小白惨叫一声，倒在马车上。管仲误认为小白已死，放松了警惕，致使公子纠放慢了回齐速度。其不知，小白机智过人，管仲的那一箭只射中了他衣服上的带钩，他假装中箭身亡，躲开管仲率领的鲁军之后，飞车急驶，日夜兼程，抢先返回齐都，被国氏、高氏立为国君，即齐桓公。齐桓公即位后，当即派齐国精锐部队前往夹谷一带，抗御护送公子纠回国的鲁军。两军相遇，齐强鲁弱，齐军一举打败鲁军，并切断了鲁军退路。鲍叔牙于阵前向鲁致函："我奉主公之命，致信贵方。鲁国如果不杀公子纠，如果不用囚车将管仲、召忽押送齐都，齐军将进攻鲁国！"迫于齐国的压力，鲁国无奈之下杀了公子纠，召忽殉主而死，管仲被装入囚车向齐国押送。押送管仲的囚车刚入齐境，鲍叔牙前来迎接。囚车至齐都后，齐桓公非但不报一箭之仇，反而拜管仲为相。

齐桓公为何如此宽宏大量、不记旧仇、任人唯贤呢？原来是这样的：小白登上君位后，立即传令速杀公子纠、管仲、召忽，鲍叔牙无比真挚地奉劝道："如果主公只考虑治理齐国，由我和国氏、高氏辅佐就可以了；如果主公远见卓识，有振兴齐国、称霸诸侯的大志，只有委任管仲为相国才行。我十分熟悉管仲，他是个仁德之人，且才能超众，我远远不如他。如果主公拜他为相，我可以在他领导下谋事。"桓公有所痛悟地说："你甘愿把相位让给管仲，说明管仲确实是个杰出的贤能之人。寡人采纳你的建议！"从此，管仲辅佐齐桓公改革政治，加强了君主的地位和权力；改革军事，增强了武备能力；改革经济，农业、手工业大发展，齐国逐渐富强起来。他执政40年，辅佐齐桓公在"尊王攘夷"（即拥护周天子，抵御外患）口号下，成为天下第一霸主。

待孔子讲完，子路问："老师，您认为管仲是个怎样的人？"

孔子毫不含糊地回答："是仁人，是仁德之人！"

子路说："对于管仲是否是仁人的问题，我的看法与老师的看法不同，可以争辩吗？"

孔子笑着说："可以，以往，你不是常与我争辩吗？"

子路说："管仲曾劝说齐襄公应当如何施政，齐襄公拒绝，这说明管仲辩才不高！"

孔子说："不对！管仲没能说服襄公，说明襄公没有眼光。"

子路说："襄公死后，管仲辅佐公子纠没能得到齐国君位，说明管仲能力太差！"

孔子说："不对！辅佐公子纠未登君位，那是时运不好。"

子路说："管仲在鲁国沦为阶下囚却并不惭愧，说明他无羞耻之心！"

孔子说："不对！管仲在鲁国身为囚徒而不惭愧，那是自省后的坦荡。"

子路说："同为公子纠的老师，召忽为主守节自杀，管仲不殉主，是不仁不义！"

孔子说："不对！召忽自杀，说明他是庸才，而管仲堪称治理天下的佐君贤才。"

子路说："管仲从鲁国被押回齐国后，出仕于仇敌齐桓公，是对主人不忠！"

孔子说："不对！管仲之所以敢于出仕于昔日的仇敌，是他权衡国家大事之后做出的正确选择。"

子路说："总之，桓公逼死公子纠之后，管仲不去殉主，反而出仕于敌，管仲是算不上仁人的！"

"齐桓公不记私仇，不耍权术，公正用贤，可谓仁君！"孔子还说："齐桓公以盟主身份，九次召集多国诸侯盟会，并没有使用武力，这就是管仲的能力所致！这就是管仲的仁德！"

子贡也问："管仲不是仁人吧！当初，齐桓公杀了公子纠，作为纠的老师，管仲不仅没有自杀殉主，反而投身桓公……"

"评价政治人物是否是仁人，应看大节舍小节，主要看他对社会、对国家的贡献，而不能用评价一个普通百姓的标准去评价一个伟大的政治人物！"基于这一认识，孔子说："管仲辅佐桓公，称霸诸侯，一匡天下（匡正整个天下，使天下安定），人民直到今天还享受他的恩惠。如果没有管仲，恐怕我们现在也要披散头发，衣襟向左开，蒙受异族的压迫统治呢。难道有必要苛求管仲像普通百姓那样，恪守诚信小节，自杀于沟渠，从此无闻于世，无人知晓吗？"

闵损说："从老师对管仲的评价中，我们明白了判定仁人的标准。可以说，齐桓公、鲍叔牙、管仲皆仁人也！管仲协助桓公，一匡天下，这个功劳太大了！如果当初他也像召忽那样，自杀殉主，他的大贤大才怎能变成一匡天下的大贡献呢？评价管仲，怎么能拘泥于小节而置天下万民于不顾呢？"

故事

戴高乐做决断有大局观

非凡的预见力和大局观是杰出政治家的重要标志。戴高乐就是具备这种素质的一个著名政治家。

"您不准备解散国民议会吗?"在戴高乐当选总统后不久,就有人向他提出了这样的建议。这些人许诺说,此举可以让他过上 5 年的好日子。戴高乐回答说:"我一定会小心提防解散议会这件事的。这样做有着多方面的理由。首先,没有人会理解解散国民议会的决定,如何才能说服公众舆论呢?国民议会曾经支持过我的政府,现在我又怎么能随便把这些议员赶回家呢?这是不道德的。总统不能只图自己的方便而解散议会,解散议会的目的是将发言权交给人民。只有一个理由可以解散议会,平息议会与政府间的争端。然而,现在这两者之间存在争端吗?其次,因为解散议会刚好发生在我当选总统不久,这就容易使人产生这样的想法:总统的位置似乎非到得到议会的批准不可。最后一个原因是,我们到目前为止没有任何把握赢得议会选举。如果我们输了,我只能下台。如果我在失去民心后仍然留在台上,那我成什么人了?我又有什么权威呢?"

听完戴高乐的这席话,我们就容易理解为什么希拉克 1997 年 3 月提前解散国民议会会铸成大错。如果阿兰·佩雷菲特的书早半年出版,那么希拉克就可能不会犯下这一重大错误了。上面的对话出自阿兰·佩雷菲特(他在 1962 — 1966 年间在戴高乐手下担任新闻部长兼政府发言人的回忆录—《这就是戴高乐》。

这段摘录至少说明一点:在一些戴高乐看来十分重要的问题上,他总是能保持清醒,能够做出决断。